盼星星，盼月亮，
盼来的孩子让我发疯

[德]丹妮勒·格拉芙　[德]卡嘉·赛德　著

潘璐　译

朝華出版社

BLOSSOM PRESS

著作权合同登记号 图字：01-2020-0290

Das gewünschteste Wunschkind aller Zeiten treibt mich in den Wahnsinn

© 2018 Beltz Verlag in the publishing group Beltz · Weinheim Basel

Simplified Chinese translation rights arranged through jia-xi books co.,ltd.

Simplified Chinese translation copyright © 2020 by Blossom Press

All rights reserved

图书在版编目（CIP）数据

盼星星，盼月亮，盼来的孩子让我发疯 / (德) 丹妮
勒·格拉芙，(德) 卡嘉·赛德著 ; 潘璐译. -- 北京：
朝华出版社, 2021.8

ISBN 978-7-5054-4812-4

Ⅰ. ①盼… Ⅱ. ①丹… ②卡… ③潘… Ⅲ. ①儿童教
育—家庭教育 Ⅳ. ①G781

中国版本图书馆CIP数据核字(2021)第071866号

盼星星，盼月亮，盼来的孩子让我发疯

作　　　者	[德]丹妮勒·格拉芙　[德]卡嘉·赛德
译　　　者	潘　璐
选题策划	袁　侠
责任编辑	王　丹
责任印制	陆竞赢
装帧设计	FAWN WONDERLAND QQ:974364105

出版发行	朝华出版社
社　　　址	北京市西城区百万庄大街24号　　邮政编码　100037
订购电话	（010）68996050　68996522
传　　　真	（010）88415258（发行部）
联系版权	zhbq@cipg.org.cn
网　　　址	http://zhcb.cipg.org.cn
印　　　刷	阳谷毕升印务有限公司
经　　　销	全国新华书店
开　　　本	710mm×1000mm　1/16　　字　数　227千字
印　　　张	19.5
版　　　次	2021年8月第1版　2021年8月第1次印刷
装　　　别	平
书　　　号	ISBN 978-7-5054-4812-4
定　　　价	59.80元

Contents
目录

根强才能苗壮

给"龅牙反叛者"自决权

如果不惩罚，那该怎么办？

帮你们翻译刺耳的话

前言

　　我最好的闺密玛拉哭哭啼啼地把手机递给我。我看了一眼屏幕，发现是她十岁的儿子米尔科发来的一张自拍。他躺在白色的长沙发上，旁边的单人沙发上搁着一个盘子，里面是一片掉碎渣的吐司面包，上面抹着巧克力酱，旁边还放着一杯可乐。"你快看看，我现在正在干什么！"他在照片下面写道。

　　我惊讶地继续读下去，"你很清楚，你不应该在沙发上吃东西，更不应该在那儿吃巧克力酱！"他妈妈生气地回复。米尔科的回答特别无情："那你现在有什么办法呢？从单位跑回家？就因为我在沙发上吃了一片吐司面包？"他妈妈的下一条信息是大约十分钟之后才发出的。显然，玛拉跟自己斗争了一会儿。"等着瞧，我要告诉你爸爸！"米尔科回复道："那又怎么样？还想用这吓唬我！"

　　"我必须得想办法惩罚一下米尔科！"玛拉恨恨地说，"帮我想个办法吧。我是应该把他的手机没收一个星期，还是应该把家里的网关掉？或者禁止他出门？我不知道这能不能行得通。我担心他已经太大了。如果他真的离家出走，我可没有那么大的力气去阻拦他。他现在简直是为所欲为。我恨死了。我原来的小宝贝儿、小甜心现在简直像换了一个人。"她开始哭起来，我轻轻地搂着她，也不禁哽咽。

　　玛拉在我的怀里啜泣。我的思绪飘回到五年前，米尔科刚刚五岁的时候。那天我们坐在一个咖啡馆里，满怀爱意地看着那个漂亮的、马上要上学的小男孩。他抿着嘴，认认真真地在画一个模样很复杂的小精灵。我对玛拉说："你儿子多棒啊，你真应该感到骄傲。"她那时若有所思地说："是啊，米尔科是很棒。但是，你知道，有时候我很害怕。如果我对他的要求稍微放松一点儿，不知道会发生什么。"我不明白她的意思，就追问为什么。她说："唉，我觉得一直拽着他，不让他偏离轨道，真是累人。教育他真不是一件容易的事，就像一场永不停止的战斗。如果我对他不那么严厉，会怎么样呢？我可不想让他走弯路，你明白的。所以我不能放松对他的要求。"

我的思绪又飘回了当下。现在看来，坐在白色长沙发上吃抹着巧克力酱的面包或许还不算是"偏离轨道"，但是情况已经开始变得棘手了。把孩子的手机没收或者关网，这些估计只会导致发生更多的"战斗"。我的闺密悲伤地看着我："他现在对我们满怀仇恨。你看看他发的短信，就像是要报复我们。他现在离我越来越远了。难道孩子们都是这样吗？长大就意味着狠狠地伤害父母，这样才算是独立？如果是这样，那就太可怕了。肯定应该有别的办法，我好想让他重新变回我的小宝贝啊。"

我们坚信还有别的办法。孩子们要长成人，想脱离自己的父母，这个过程不一定非要充满仇恨，是的，如果他们在过去的那些年中不曾一再受到伤害。因为许多传统的教育方法会让孩子觉得，他们只能听任家长的摆布，从而变得郁郁不乐、怒火中烧，所以他们渴望自己掌握权力。这种渴望使他们有可能会将权力用在比自己弱小的孩子身上，比如在学校里欺负别人，或者等他们在个头和力气上都与家长不相上下的时候，用在家长身上。

在这本书里，我们要指给大家一条道路，如果遵循这条道路，我们完全可以在不伤害孩子的情况下教育他们，也不会让家长变成俯首帖耳的奴隶，因为这种方法照顾了所有人的需求。五到十岁这一阶段，正好是让孩子了解重要的人际关系和社会规则的时候。这个年龄段的孩子，大脑已经具备了这样做的前提：他们有能力进行视角转换，可以控制冲动，有同理心，有能力自我安抚，并且他们大脑前额叶皮层的功能已经很完备了。

在这个年龄段，孩子的这些能力应该得到应用和加强，不仅在家庭关系里应该这么做，而且在其他的人际关系中也应该如此。所以五到十岁的孩子越来越渴望和他们的朋友在一起。他们对于自己需要的东西有很好的直觉。通常情况下，这些孩子对违反人际交往规则的做法比我们成年人要宽容得多。我们大人头脑中已经有了一个十分僵化的模式，知道人可以做什么、不可以做什么，什么会让人不好意思，什么是完全不可接受的。我们也知道，违反人际关系的行为对于我们孩子的未来意味着什么。所以，我们出于对儿女的关心，想尽快制止这种情况。如果我们看到自己的孩子做出了一些道德上、人际关系上不那么中规中矩的事情，我们做出的反应实际上联系着一长串的想法和情感。

我们内心的恐惧瞒不过任何年龄段孩子的眼睛，孩子不管年龄大小，都非常擅长解读成年人下意识的表情和肢体语言，能够察觉到我们对他们的看法。这种来自别人的自我形象，很有可能会在他们心中扎根，甚至在某种情况下，会成为他们的自我认知。而其他孩子在跟我们的孩子玩时，却没有拖着一长串的想法和情感，因为他们还不能像成年人那样思考。他们做出的反应只是对于我们的孩子行为的反应。如果这些行为让他们生气，那他们就生气；如果让他们高兴，他们就高兴。当然，在孩子之中也会发生激烈的争吵，有时也会有关系破裂、试图摆布他人，甚至情感上的要挟。估计大家都听孩子说过"如果你这样做的话，就不是我的朋友了"这样的话。但是在所有这些冲突中，有一点是不变的，那就是孩子的自我认知。他学习自己行为的因果关系：如果我总是发号施令，那其他孩子就不跟我一起玩儿了。这时，他并不会有沉重的愧疚感。而我们成年人经常会不经意地把愧疚感植入孩子的心中："我是怎么回事？为什么我总是对别人发号施令，而不是友好地请求他们做什么事情？"

这本书将引导家长回到无条件地、无忧无虑地接受自己孩子的状态。我们将给大家展示，那些看似违背人际关系交往原则，甚至暴君式的行为，实际上是这个年龄段孩子重要的学习内容，不像有些家长想的，或者某些育儿指南声称的那样，是让人忧虑的事情。我们将要给大家解释，为什么孩子有时候不听话，或者有意地挑衅我们，我们可以做出怎样的改变来改善这种情况。我们还将给大家描述，以需求和家庭为导向的亲子关系意味着什么，并且告诉大家，由于孩子的青春期即将来临，所以五到十岁是一个至关重要的发展阶段，而这一阶段的重要性却经常被忽视。关于这一阶段的文献少之又少，这让我们惊讶不已。而我们认为，这一阶段奠定了孩子在家庭和社会中的人际交往行为的基础。

在第一章中，我们想给大家描述一下，如果家里有五到十岁的孩子，以家庭和需求为导向的亲子关系在日常生活中是怎么样的。在第二章中，我们将阐述这个年龄段的孩子最重要的需求是什么，以及他们满足这些需求的策略，哪些是有益的，哪些是无益的。我们将给家长们介绍我们的思路，并且展示给大家，面对童年中期的孩子生活中的核心主题——比如自立、朋友、学校——我们这种教育方法是如何实施的。第三章和第四章讨论孩子的自决以及他们的界限。这些话题是我们家长在这几年中不断要面对的。我们讨论的话题包括新媒体，还有孩子其他（不那么让人忧心的）特异之处，比如吃饭、自觉做作业、帮忙做家务、和朋友相处等许多反复出现的问题。第五章讨论的内容是，如果家长不想惩罚孩子，那应该怎么办。第六章里我们分析了家长和孩子说的那些刺耳的话，以及它们真正的含义。本书的最后一部分，也是我们认为最重要的内容，我们将展示给大家，家长如何维护与孩子的关系，通过权衡各方需求可以找到哪些解决问题的方案以及双赢的折中做法。

如果您对我们书中的某些观点不完全赞同，请您不要马上就把这本书扔到一边。也许您会发现，另有一些章节于您心有戚戚焉，这些内容将正好是您的家庭需要的。因为教育不应该让人觉得沉重、困难。作为家长，不应该总是感觉在与自己的孩子进行一场权力斗争，也不应该总当"吐槽妈妈"和"吐槽爸爸"。家长也不应该长期忽略自己负荷的上限，一味去满足孩子的愿望和需求。因为孩子已经度过了婴儿期，家长没有必要再这么做了。我们坚信，在一个家庭中，如果所有成员的年龄足够大，足够去理解另一个人的视角，那就应该平等关注每个成员的需求。当然，我们还是会不断遇到困难，但是总的来说，家庭的所有成员，不管是孩子还是大人，都应该觉得大家共同生活在一起是轻松和美好的。只有这样，一家人的关系才是良好的。

我们是卡嘉·赛德和丹妮勒·格拉芙。我们的五个宝贝卡洛塔、海伦娜、约舒阿、索菲、里夏德，自从我们的第一本书《叛逆期关键养育》出版以来，已经长大了，现在最小的四岁，最大的九岁。各位家长和反叛的"小豁牙子们"所经历的许多难题，我们自己都经历过。在我们的第二本书，也就是您现在手中拿着的这一本里，我们描述的内容，既有我们和五个孩子的日常经历，也有我们的博客读者经常碰到的问题。在举例的时候我们改了名字，把事件的某些部分做了精简。

五年以来，无数的爸爸妈妈、爷爷奶奶，以及在职业中跟孩子们打交道的人陪伴着我们。我们的博客中，关于亲子关系和以需求为导向的育儿指南，以及其他关于为人父母的文章，每个月都有五十万左右的点击量，我们的第一本书也获得了许多读者。我们很高兴能以这种方式陪伴许多人经历家有儿女的冒险人生。不断地有人通过邮件和社交媒体告诉我们，我们的想法和建议使他们的家庭生活变得轻松。我们想用这本书继续陪伴大家度过孩子五到十岁的这段时光。

我们在这里还想强调的一点是，这本书并不是孩子的使用说明。我们只想指出一些与众不同的方法，并且解释一下，为什么我们选择走这样的道路。由于每个家庭都是各具特色的组合，每个家庭成员有不同的性格和需求，所以也不会有"唯一正确"的教育之路。因此，我们描述的方法也无法从客观上被划分成"正确的"和"错误的"，它们只是我们在与自己孩子的生活中积累的积极的和消极的经验所总结的成果。因此，我们的这些论述并不是必做清单，不是一条一条照着做完，就肯定能变出一个幸福的、可爱的十岁孩子，而是用来激发大家思考，让大家开阔眼界。

如走钢丝的"龅牙"叛逆期

养儿育女，轻松如游戏

只要有父母说，他们采取以亲子关系和需求为导向的教育方法，经常会遇到一些成见：是不是那种不给孩子任何限制的方法？孩子们在餐馆里像野马一样疯跑，大喊大叫，牙也不刷，手也不洗，看着就想让家长好好管教管教他们——但是家长们太懒了，不想给孩子设限，也许还害怕如果总是说"不行"，就会失去孩子的爱。过去人们把这称为娇惯，现在看看，这样管教孩子会有什么样的结果。老实说，用这些可怜的孩子来乱做实验，家长们跟着那些时髦育儿理论乱跑，没一点儿自己的主见，肯定好不了。

如果家长走过一条或者正在走一条完全不同的育儿之路，那么，想要说服他还有其他同样稳妥的道路，恐怕很难，甚至是不可能的。如果家长从来没有试着去了解其他的方法，那他基于现在的经验，也不会听人劝说去尝试另一种教育风格。神经生物学家杰拉尔德·许特在他的著作《请多动动脑子》里写到，一个人所怀有的信念全部都来自他的生活经历。如果他在另一种生活环境中，另一个家庭里，另一种社会背景下，或者在另外一个地区、另一种文化中长大，这个人会得到完全不同的经验，而这些经验也将影响他内心的信念。他就会把其他东西看作重要的和必需的，会去追求其他的目标。在互联网论坛中，这个世界的家长们在进行着艰苦卓绝的信仰之战，但这种论战不会有什么结果，因为从客观来看，到底哪条教育道路最好，是没有答案的。根本不可能统一指定一种方法，因为在每一个家庭中都有不同的前提和生活历程，因此，这一章（以及这本书）都不应该被看成一种企图说服别人的尝试，我们只是想尽力搞清楚迄今为止通行的权威型教育与以需求和亲子关系为导向的教育方法之间的区别。为了让大家容易理解，我们使用一个比喻，大家可以想象一下，教育孩子像是孩子们玩的一种游戏。

粗略地说，儿童游戏有两种不同的方式。一种是孩子们临时起意，合成一群，想玩什么就玩什么，这种方式一般称为自由玩耍；另一种是孩子们组成一个队，有一个教练对他们进行专业的指导，这种方式称为引导式游戏。以亲子关系和需求为导向的教育方法可以看成孩子们的自由玩耍；权威型教育方法更接近引导式游戏。这里没有孰优孰劣的问题，只是方法不同。

请允许我们说得再详细一点，好解释得更清楚。我想以我自己的孩子为例，用一个真实的游戏场景，来解释以亲子关系和需求为导向的育儿方法的基本原则。当时卡洛塔和海伦娜是六岁，约舒阿是三岁。他们早上都在后院等我，我们的计划是先把约舒阿送到幼儿园，然后再把卡洛塔和海伦娜送到学校。我的女儿们把她们的滑板车从自行车房拿出来，儿子也搬出了他的脚踏车。他超级爱他的脚踏车，但是这个车可骑不快。孩子们已经"入了戏"，也就是说，他们早上已经各自扮演了假想的角色，然后在后院里接着演他们的戏。

卡洛塔说："注意，我是妈妈，你们是我的孩子。海伦娜，你是姐姐。约舒阿，你是宝宝。"

约舒阿说："不行，我已经长大了，我不是宝宝了。"

海伦娜做出了妥协："好吧，那我当宝宝。你是哥哥，已经是特别大的大哥哥了，行吧。"

约舒阿满意地点点头。

卡洛塔说："现在，嗯，妈妈会飞，因为她是……她是一个女魔法师。"

海伦娜说："但是宝宝也会飞。我有特别小的翅膀，因为我是一个仙女宝宝。"

卡洛塔有点儿疑惑，因为这个跟她计划的有点儿偏差："一个仙女？仙女可不能是魔法师的孩子。"

海伦娜说："当然能了！你收养了我。"

海伦娜尽管扮演宝宝，却想在游戏里继续保持比约舒阿高的地位，就像在现实生活中一样。所以她就建议，她会飞，约舒阿却不会飞。

卡洛塔想，海伦娜把她的主意改了，她要不要接受这个改变。她想了一会儿，回答说："好吧，可以。你是一个仙女宝宝，跟在妈妈后边飞，但是你飞得还不太好，所以有时候会掉下来，我必须用魔法杖来救你，明白吗？"

海伦娜附和道："没错，我飞得还不是太好，我还在练习。约舒阿，嗯，他还不会飞，因为……他太重了，他个头特别大。"

约舒阿满怀疑惑地看着她们，静静地等待着，但什么都没有说。两个女孩感觉到他越来越不高兴，她们知道，如果她们不想让他退出游戏或者发怒，那就需要对他做出妥协。

卡洛塔说："好的，约舒阿，你虽然还不会飞，但是你真的特别强壮。所以你要注意，不要让仙女宝宝掉下来。如果有时候我的魔法杖不够快，你就接住仙女宝宝好吗？"

约舒阿高兴了："好的，我接住它，我是最强壮的！"

卡洛塔说："当然了，你特别强壮。"

海伦娜也帮腔说："你是我们之中最强壮的。"

卡洛塔说："那我们现在出发吧，我们两个飞，约舒阿开着他飞快的跑车。但是我们飞得更快。"

约舒阿生气了："不对，我是最快的。汽车可比仙女宝宝快得多。"

卡洛塔安抚他说："约舒阿，你一直都是最快的，我们都是最快的，你是我们中间唯一的男生，因此你永远都是第一，永远都是最快的、最强壮的。"

约舒阿对这个逻辑不以为然（几个星期之前，这个论证他还能接受）："但是我确实想当最快的，你们应该滑着滑板车跟在我后面。"

海伦娜说："不行，我们也想快快地骑，我不想在你后边，那样太傻了。"

约舒阿说："就得在我后面，你们就应该在我后面。"

眼瞅着几个孩子就要吵起来，如果姑娘们想让弟弟继续一起玩，那她们就得找一个他可以接受的妥协方法。她们当然也可以让他退出游戏，这随时都有可能，而且时常也会发生，自由玩耍总是自愿的。但是今天她们想要三个人一起玩游戏。

卡洛塔想了一会儿，然后说："注意，嗯，我们这样做，我们滑着滑板车，但是不滑到幼儿园，我们虽然在前面，但是到了幼儿园附近，我们就藏在树丛里。然后你虽然骑得不如我们那么快，但你仍然是第一个到幼儿园的人。这样行吗？"

约舒阿想了想。滑板车肯定比他的脚踏车要快，但是他又不想放弃脚踏车。在骑车的时候，他虽然不能在最前头，但是他仍然可以满足自己的愿望，当上真正的第一名。因为他的姐姐们说了，不会一直骑到幼儿园，他可以在小树丛那儿超过她们。这时他得出结论，这个主意可以接受，所以就做出决定说："好的！"然后三个孩子就高高兴兴地出发了。

就像您所看到的，我的每一个孩子都对游戏如何继续，有着很强烈的个人想法，但是为了不失去玩伴，他们也想尽办法在发生争执的时候达成妥协。在自由玩耍中妥协，不一定意味着百分之百的意见统一，而是所有人都能够接受大家决定的事情，这样游戏就可以进行下去。两个女孩子以她们的年龄来说，肯定已经玩过数百次这种角色扮演了，可以感觉到，她们已经很善于用论证的方法来表明自己的愿望，使玩伴不会生气地退出。另外她们也能体会弟弟的愿望，所以赋予了他强大的力量，来解决不会飞的问题。她们对他十分了解，知道他会接受这个建议。她们还经常把自己的主意当成建议来表述，会问"好不好"，这样就给了玩伴提出反对意见的机会。但是约舒阿才三岁，还没有这种能力，他主要是提出要求，而不是谈判，他的姐姐们也会照顾到这一点。就像大家在这个例子中看到的，自我主张、谈判技巧、同理心以及乐于妥协，都是自由玩耍具有决定性的前提条件。

以亲子关系和需求为导向的育儿方法和孩子们一起自由玩耍有很多相似之处。我们都希望一天能过得顺顺当当，所有的家庭成员都高高兴兴，所以大家要不断地妥协，而且这些妥协我们自己也能够接受——当然有时候我们也会固执己见，这时，其他人就应该来迁就我们，使我们不会退群。而孩子们天生就有寻求妥协的能力（就像他们在自由玩耍时所表现的那样），因此在家庭中，通常他们表现得也很好。如我们所见，卡洛塔和海伦娜很重视比她们小得多的弟弟，很会照顾他的需求，即使弟弟在这方面还不如姐姐做得好。我们做父母的，在这个时候应该注意，孩子们还处于学习过程中，对于礼尚往来或者双赢的妥协都还在摸索中，对于四岁的孩子来说，他能够做出让步（哪怕只有一点点），就已经很不错了。对于十岁的孩子，大人当然可以希望他有更好的妥协能力——大人也应该在这一方面给予他持续不断的支持，并且提出要求。

在一个以亲子关系和需求为导向的家庭中，就像在自由玩耍时一样，并没有真正的"决策者"，父母不是总指挥，而是团队的一部分，所有成员都可以，也应该在讨论中表达自己的想法，所有人也应该受到重视。当然，就像在混龄孩子组里一样，大孩子的经验比小孩子的经验有更大的权重，但是这种对某成员的领导地位的接受是基于自愿的原则。我作为成年人虽然可以说，我觉得外边很冷，应该带一件外套，但别人是否接受我的建议，应该由他自己来决定。如果是遇到危险的情况，比如车多的街道、插座、敞开的窗户、有毒的物质，那当然另当别论。如果他们反对穿外套，我不会去强求他们，但我的成年人的大脑比起小孩子的可以更好地进行计划，为了保险起见，我会把外套带上。如果孩子们后来还是觉得有点儿冷，那些外套就用上了，我交给他们的时候，也不会好为人师地说："我可是告诉过你们天很冷啊！"

自由玩耍时当然也有规则，但是这些规则是大家共同制定的；相应地，也需要大家集体决定是不是要打破某个规则。如果有人觉得他受到了不公正的待遇，他可以大声地、强烈地指出来。这时，团队的任务就是讨论一下，应该怎么做才能让这个参与者觉得更舒服。如果没有成功，那有可能游戏队伍就会解散，因为并不是所有孩子都能很容易地做出妥协或者改变自己的主意。与那些比较固执的孩子一起玩的时候，肯定会有更多的争吵，自由玩耍也更会经常被一方中断，但是这种情况并不像看上去那么糟糕。玩耍和作为集体的一员是人的基本需求，这种需求深植于我们内心，那些不太容易改变自己想法的孩子也需要学习这一点，因为他们总会受到吸引，重归集体。他们只是需要足够的时间来练习。他们注定会有失败的时候，并且要承担失败的后果，但是他们也有权利重新开始尝试。

在以亲子关系和需求为导向的家庭生活中，有时候也会出现孩子暂时脱离日常游戏的情况，因为在他们的眼中，大家没有能够找到一条共同的道路。就像在做游戏时一样，这时候所有人都需要保持开放心态，彼此对话。如果一个成年人或者孩子"关闭"了自己，不顾及他人的需求，不倾听他人的理由，那就不可能解决问题。如果没有愿意谈判的积极心态，就不会有自由的玩耍，也不会形成以需求为导向的共同生活。遵循这种教育方法的父母由于不想惩罚孩子，所以他们手中就没有强迫他们的"队友"做什么事情的手段。如果家长习惯了传统的领导地位，那碰到这种自己不占上风的情况就会觉得无所适从。怎么样才能让一个"拧巴孩子"去做他不想做的事情呢？我们在"如果不惩罚，那该怎么办？"这一章中会详细解答这一关键的问题。碰到这种情况，对于家长来说很重要的是，不应该去乞求孩子做什么或不做什么。他们不应该不停地唠叨，不要试图说服孩子，也不要用许诺来引诱他们，当然也不能威胁他们。以亲子关系和需求为导向的父母，应该明确地告诉孩子，自己的愿望是什么，自己当前的感受是什么，并且让他们相信，一家人需要暂时平静一会儿，过后肯定能够共同找到一个解决方案。在绝大多数情况下，这样做会获得成功。尽管这听起来有点儿让人惊讶，但是不需要奖励和惩罚，真的能行得通。

权威型的教育则像是一种按规则进行的引导型游戏。有一个或两个教练，也就是父母，他们了解规则，并且注意让队员，也就是孩子们遵守这些规则，这样游戏就可以公正地进行，不会发生争吵。家长们的地位比游戏中的队员要高，这是因为他们年龄更大、更睿智。他们经历过各种起起落落，积累了很多经验，如果不把这些经验传给后人，那将是对他们的生活经历以及资源的一种浪费，好的教练都会这么做。

另外，家长还要担任裁判。由于他们对规则的理解很全面，所以他们可以有预见性地引导游戏进行，并照顾各方的利益。如果这个队伍听从教练和裁判的话，就不会出现被批评、被罚红牌或者被罚下场的情况，一切都进行得超级顺利，作为这个队伍的一员也会心情愉快。如果一个队员捣蛋，违反规则，那他就要承担后果，这些后果会让他明白，他的这种行为是不受欢迎的。裁判来决定什么是违反规则，惩罚应该是怎么样的。有时候是一个口头警告，有时候会给黄牌，有时候会罚下场，坐冷板凳。这样，孩子就能学会遵守规则，融入集体。他同样也会学到，即使教练让他承担后果，教练对他也是善意的。由于我们的整个社会就是以这种等级结构建立的，所以孩子就为"真正的生活"及其特有的规则做好了准备。

偶尔也会有参赛者反对裁判的决定，或者怀疑教练的能力。这时他们和大人都会怒气冲冲，大家会离开赛场，先平静一下心情。如果他们想继续比赛，那就要屈服于成年人设立的规则。游戏者的年龄越大，他们得到的话语权也就越大，因为通过游戏，孩子们对于必要的规则有了更多的认同和理解。年龄大一些的游戏者有时候可以接过裁判的任务，来监督较小的队友。由此他们取得更高的地位、更多的权力，并且逐渐学会考虑周全地引导其他孩子。如果他们滥用自己的职权，年龄小的孩子就会去父母那儿告状，父母或批评他们或取消他们的职权。但是在日常生活中，这两种不同的教育方法到底有何区别？在下面的章节中，我们将用一个实践中的例子，来进一步阐明这一章中的理论。

摆脱晚餐冲突的两种路径

在很多家庭里，吃晚餐时很容易发生冲突。我们来看一个日常的情境：一家人坐在餐桌旁，所有人都在学校里或者工作岗位上度过了辛苦漫长的一天。家长希望大家能够安安静静、规规矩矩地吃饭，但是孩子们吵吵嚷嚷，相互打闹，尽管家长已经说了很多次，请他们安静下来，他们还是不能老老实实地坐下来。该怎么办呢？

在传统的权威型教育中，家长要采取的步骤很清楚：

- 家长一再告诉孩子，他们应该安静，并且解释为什么应该这么做。
- 家长威胁孩子说，如果继续吵闹，那就没饭吃了。
- 家长真的不让孩子继续吃饭了，并且坚决地把孩子赶出了餐厅。
- 家长安静地继续吃饭。
- 孩子怒气冲冲地回到自己的房间。
- 饭后，家长再次友好地跟孩子交谈，向他们解释为什么要这么做，孩子下一次应该如何避免没有饭吃。
- 大家充满爱意地相互原谅，并且把不愉快的事情忘记。

这些步骤会自然而然地浮现在我们的脑海里，因为我们童年时代经常经历这种情况。我们很熟悉这些步骤，不需要费力思考。

在一个以亲子关系和需求为导向的家庭里，要想化解相同的危机，难度会高一些，尤其是当我们还不习惯在化解危机时既没有胜利者，也没有失败者这种情况。我们再仔细看一下这个情形，如果想照顾到每一个家庭成员的需求，我们就应该先看一看：孩子行为的动机是什么？到底是什么导致了他们吵吵闹闹？需求都是由个人情况决定的，所以这么做有一定的难度，我们要设身处地为他人着想，才能够了解他的需求，甚至他自己可能都不太清楚的需求。这里比较显而易见的是，孩子们辛苦上了一天学之后，他们的需求是休息和放松。他们选择满足这种需求的策略，就是吵吵闹闹。家长在工作了一整天后也有放松的需求，但是他们希望坐在餐桌边好好吃饭，大家都尽量安安静静、规规矩矩，才能满足这种需求。这两种需求是相互冲突的，所以需要权衡一下，谁的需求更重要，是孩子们的，还是家长的。在其他情况下，这种权衡相对比较容易一点儿，我们在"从家庭灾难到双赢妥协"这一章里还会讲到。但是在我们当前的这个例子里，孩子想通过吵闹获得放松，家长想通过安静获得放松，这两种需求同样重要，那应该怎么办呢？

由于以亲子关系和需求为导向的育儿方法是一种自由玩耍，所以全体家庭成员都应该相互交流，直到找到一个妥协的方案。比如家长可以说："我们已经说了好多次让你们安静，但是你们停不下来。那我们明白了，你们现在真的是没办法安静下来，否则你们就满足我们的愿望了。可是我们两个累坏了，需要安静一会儿。我们应该怎么做才能满足我们的需要呢？"

通常孩子们会很快找到可行的解决方案，因为他们和我们不一样，经常不按常理出牌："你们可以在客厅吃晚饭，可以在沙发上躺着，边吃边聊，我们可以继续在餐厅里折腾。"这是可能的解决方案之一。另一个方法是，孩子们可以在院子里、花园里或者游乐场里把他们的晚饭当野餐来吃，也可以边吃边闹。如果两种方法都行不通，那就是这天晚上全家无法一起进餐了，因为大家的需求太不一致了，没法儿统一起来——幸亏这样的情况并不是经常发生。采用传统教育方式的家庭不会每天都发生孩子吃不到饭的情况，以需求为导向的家长也不用每天都在别的房间吃饭。但是与权威型教育不同的是，以需求为导向的解决方案不会因为这种情况怪罪任何人，大家找到的是双赢的方法。没有人会生另外一个人的气，家庭的亲密感也不会遭到破坏。

但是很愚蠢的是，我们从小习得的直觉，这时常常会冒出来，让我们怀疑自己的做法：这种所谓双赢的解决方案是不是真的好呢？如果我们大人撤到安静的客厅吃饭，是不是就认输了？这时请您倾听自己内心的声音，您刚才读到这种以需求为导向的解决方案时，是不是也有一种不好的感觉？许多家长都是这样。我们的经历对我们的直觉会产生强烈的影响，总是让我们对自己的教育方法感觉信心不足。再加上七大姑八大姨也常常对此表示怀疑，使我们的日子更加难过。我们总是害怕做错了什么，会让我们的孩子长成自私的"暴君"。因此在我们自己接受的传统解决方案之外去寻找妥协，对我们来说真是难上加难，即使这样做了，我们也会感觉良心不安。有点儿让人纠结，是不是？谢天谢地，这种感觉会很快消失得无影无踪，因为我们会看到，这种平等的关系对我们的孩子将产生很好的效果，家庭生活也会变得轻松简单。

我们还是再看一下那熟悉的直觉，这种感觉告诉我们，如果我们退回客厅去吃饭，那家长就认输了，因为孩子们并没有停止在餐厅里折腾。造成这种想法的原因是，我们把这种情况当成一种权力斗争。如果家长的想法是无论如何都要孩子执行大人的意愿，否则他们就会不尊重家长，会"蹬鼻子上脸"，那家长就绝对不会离开餐厅。如果我们不把自己的孩子当作对手，而当作成人来看待，他们的需求与成年人的需求是平等的，那么家长把餐厅让给孩子，就不会影响他们对家长的尊重。这么做只是满足了所有人的需求。

对于以亲子关系和需求为导向的家庭来说，解决冲突的步骤是这样的：

- 家长再次明确地告诉孩子，他们应该安静，并且为什么应该这样做。
- 家长要稍微等一下。
- 家长解释说，他们明白了，孩子目前显然无法做出其他的反应。
- 所有人都尝试理解不同行为背后的需求。
- 各方的需求都得到表达，并且加以考量。
- 所有家庭成员共同寻找一个妥协方案。
- 实施这一解决方案。

你们大概也已经想到了，这种以亲子关系和需求为导向的方法需要的时间肯定更长。当然，随着一家人越来越熟悉这种方法，也会更快地达成妥协。让所有人都统一意见，比起一个人指明方向，必然需要更多的时间。对这种教育方法提出批评的人总是抓住这一点不放：以亲子关系和需求为导向的教育方法在日常生活中无法实施，因为需要太多的时间。只有那些全职父母，没有别的事情要安排，才能使用这种方法。我们作为有全职工作的大人，并不能证实这种说法，但是我们也不想隐瞒，日常生活中这种方法确实需要投入更多的时间，有时也会让人觉得麻烦。花时间来找妥协方案，比起直接命令别人做什么事情肯定更吃力。但是我们可以很肯定地告诉大家，花这些时间是值得的，尤其是在刚开始教育孩子的时候。和一个三岁的孩子一起寻找解决方案，确实是一场拉锯战。但是当孩子五岁的时候，就会容易很多。七岁的时候，孩子们对这个方法已经轻车熟路了，和他们一起找到双赢的妥协方案，速度不比和一个成年朋友来得慢。

吃晚饭的例子可以让我们很容易地认识到，这两种教育方法都能够以不同的方式促进孩子们的能力提升，而且很可能促进的是不同的能力。那些由于折腾被撵出餐厅的孩子，也许下一次会更守规矩，不再吵吵嚷嚷，他们的父母也得到了安静。这种情况下，他们的冲动控制得到了训练，也向社会行为的方向迈出了重要的一步——遇到类似情况，他们会自觉地放下自己的意愿，去照顾别人的需求。他们控制自己的原因是想跟父母一起就餐。他们学会了融入一个集体，而不是闹矛盾。他们学会了承认自己的"错误"（在不合适的时间里捣蛋），并为此承担后果（被赶出餐厅）。而另一种教育方法培养出的孩子则学会了识别自己行为背后的需求，设身处地地考虑别人的需求。下一次遇到这种情况时，也许这种认识可以让他们自觉地照顾别人而放下自己的需求。他们的冲动控制也得到了训练，还学会了如何让别人倾听自己的意愿。他们的妥协能力和谈判技巧得到了加强，能够找到一个双赢的解决方案。

两种教育方法的选择都是出于父母对孩子的爱。不管父母采取哪一种教育方法，传达给自己孩子的价值都是一样的。当然由于文化的不同，可能会有不同的侧重，但是我们可以说，几乎所有的家长都希望他们的孩子：

●发展自我价值感。他们应该觉得自己对于周围的人来说是宝贵的，他们应该明白自己能够做出独特的贡献，能够完成自己想要做的事情。简而言之，他们应该幸福快乐。

●学会好的社会行为。他们应该能够放下自己的意愿，去照顾别人的需求，能够友好待人，找到妥协方案，并且融入集体。

●有执行能力。他们不应该成为应声虫，不应该被埋没在集体里，而应该自信地维护自己的利益。

●坚韧不拔。他们能够坚持完成一个任务，即使这个任务很耗时间、很困难或者有些无聊。他们不应该一碰到小困难就马上放弃。

●学会为自己负责。如果他们犯了错误，他们应该承认这个错误，并且努力去弥补——自我反省和自我批评能力是做到这一点的重要前提。孩子们应该学习去做出"好的"自主决定，能考虑到自己的未来，学会计划。

●有共情能力。他们可以设身处地地理解他人的感情世界，并且出于共情能力，放弃会让别人不舒服的行为，或者去做让别人感到高兴的事情。

●行为符合道德标准。如果有什么违背了他们内心的道德标准，他们应该有骨气不去这样做，即使他们的朋友或者小伙伴都这么做。他们应该对于社会通行的道德标准有概念，并且加以遵守。

可惜的是，人们常常认为以亲子关系和需求为导向的家庭无法向孩子传递这些价值。这些新一代父母常常受到指责，说他们教育出的孩子以自我为中心、没有教养、无法适应社会、逃避劳动。为什么会出现这样的指责？为什么过去养孩子好像简单得多？我们在下一章里将回答这些问题。

我们培养出来的孩子真的是暴君吗？

最让家长困扰的是，他们害怕自己的教育会失败，他们的孩子会成为自私自利的坏蛋。家长最常听到的可怕预言是，由于他们的教育失败，孩子成了以自我为中心的"暴君"。《为什么我们的孩子会成为暴君》《没必要培养出暴君》《如果小暴君长大》《暴怒的孩子：给小暴君父母的 B 计划》《要个性不要暴君》……如果我们看一看书店里摆满育儿指南的书架，上面那些书的名字会让我们觉得自己是古往今来最失败的一代家长。

这些专家的指责声有没有道理呢？从当前的观察来看，现在的孩子确实比以前的孩子要吵闹、执拗。我们的父母总是信誓旦旦地说，"你们小时候从来不会这样。"这也不全是他们在回忆中美化了我们。如果我们现在的观察属实，那就值得去找找其中的原因了，也值得讨论一下，这种发展趋势是不是真的那么可怕，就像别人经常跟我们唠叨的那样。我们认为，之所以有人持这种观点，是因为过去的家长和今天的家长对待孩子的方式是完全不同的。要解释这一点，让我们先了解一下心理学概念——"习得性无助"。

习得性无助

社会心理学和临床心理学教授马丁·塞利格曼对习得性无助及其与抑郁和其他心理问题的关系，进行了研究和描述。他把小狗分成三组进行实验。实验开始时，第一组小狗遭到电击，但它们可以通过某种反应，比如按下一个杠杆来避免被电击。小狗很快就学会了，并且牢牢地掌握了这种规避反应。还有一些比较难的学习内容，比如头完全不动，这样就可以使电流停止——实际是放弃做出反应——即使是这些高难度的任务，小狗也掌握了。第二组的外部条件与第一组相同，小狗也遭受电击，但它们无法避免被电击。不管它们做什么，是动还是静，是汪汪叫还是按杠杆，电击仍然不可避免，而且无法预测。第三组是对照组，不受电击。

在实验的第二阶段，小狗会被带进一个穿梭箱。这个箱子被分成两个一模一样的小间，小间之间有一块隔板。过了一会儿，小狗所在的小间地板被通电，为了避免被电击，小狗可以跃过隔板，跳到隔壁的小间里。第一组小狗因为已经经历过可以用积极的方法来避免疼痛，所以很快就学会了躲避电击的方法。因为电击到来之前会有一种特殊的声音作为提示，所以小狗甚至在电击到来之前就跳过了隔板，也就是说，它们学会了完全避免遭到电击。对照组的小狗虽然从未受过电击，但是它们也能发现如何避免疼痛，尽管速度比第一组稍慢一些。

但是第二组小狗，在第一轮实验中经历了电击是不可避免的、不可控的，它们就在箱子里趴着轻声悲号，忍受电击。即使给它们展示了箱子的另一边是安全的，或者在那边放了它们最爱吃的香肠，研究者也无法让它们用积极的、独立的行为来躲避电击。实验人员费了很大的力气把小狗从隔板上拖过去，在重复进行了二十五次甚至五百次之后，这些无助的小狗才开始独立行动。

塞利格曼由此得出结论，无助的状态是可以习得的。动物，包括人类，如果在过去遭受过不可控的创伤，之后再次遭受创伤时，不会尝试通过积极的行动来躲避。曾经经历的无能、无助的状态，会导致行为方式的受限。"更严重的是，"塞利格曼写道，"即使狗做出反应，并成功地通过它的反应减少了压力，但它仍很难学会、感知和相信，是它自己的反应成就了减轻压力的效果。"

心理学家唐纳德·希罗托所做的关于习得性无助的实验，也证明了这一点。在这个实验中，受试大学生面对的不是电击，而是特别吵闹的声音，而他们需要在这种情况下，解答一道颇有难度的问题。在实验的第一个阶段，有一个小组能够通过按下按钮对噪声施加影响，这个组在实验的第二阶段，也很快就找出怎样可以关闭噪声。而另外那些受试者，由于他们的经验是无法对噪声施加影响，因此在第二阶段根本就没有尝试这么做。

希罗托由此得出结论：一个人在实验中需要多长时间就感到自己束手无策，完全是由他内心的信念决定的。有些人相信他们的人生是由偶然或者运气决定的，他们更倾向于束手无策；而有些人坚定地认为人生是由自己的动力和技能决定的，也就是说，掌握在自己手中，他们就不会那么容易感觉无助。那这种内心的信念是如何形成的呢？

能力体验

内心的信念是在童年最早的时期就被"植入人心"的，就像我们大多数人所知，今天做父母的这一代人的童年时代，也就是二十世纪七八十年代流行的是严格按照隔四小时给婴儿哺乳或喂食的节奏，对他们的哭喊不加理会，目的是让他们学会独自入睡，或者不要用哭闹去左右别人。也就是说，我们还是婴儿的时候，就已经被养成了束手无策的性格。如果我们感到饥饿或者寂寞，我们的行为丝毫不会改变这种不舒服的状态，不管是舔小拳头，还是转头寻找妈妈的乳房，或者大声哭喊、提醒亲人，这些都不会使我们的不快有所减轻。只要两餐之间的四小时还没有过去，就不会有人做出反应。四小时一过，奶瓶、盛糊糊的碗或者乳房就来了，完全不管我们是不是发出了饥饿的信号。

不管是饮食还是身体上的接触，我们得到的这些与我们的表达完全无关，这不仅妨碍了我们获得能力的体验，而且真真正正地把我们调教成无能为力的人。就像塞利格曼实验中的小狗一样，我们的行动无法帮助我们满足自己的需求。这种无能为力的体验对我们今后生活中的行为将产生巨大的影响。

孩子如果在生命之初就体验到他们无法抗拒成年人的意志，那在以后的生活中也会陷入习得性无助的状态。即使等他们长大，执拗地对父母的决定进行反抗，大人也比较容易阻止这种反抗行为，因为在孩子的心中并没有多少对自己的能力和力量的信心，也不太相信自己有可能获得成功。

当我们的祖辈或父辈看到我们的孩子竭力维护自己的界限和独立自主的权利时，他们会说"在我们那个时候可没这种事"，这种判断有可能是正确的，因为我们当时学到的是，面对成年人的权威早早地投降。与我们的父辈发生冲突时，我们会很快重新回到习得性无助的状态，不再为我们的要求进行斗争。尽管觉得很热，我们还是戴上了帽子，因为大人说外面很冷；我们咽下了不合自己口味的饭菜，因为父母说我们应该先吃"正经的"东西，然后才能吃甜点。我们中有些人甚至学了自己不喜欢的专业，或者从事自己不喜欢的职业，只是因为父母认为这些专业或职业更好、更有前途、更保险、更能让我们快乐。

和我们不同的是，今天的孩子通常在婴儿期没有经历过无能为力的状态。现在宝宝们的需求往往会被细心的父母察觉到并加以满足。如果他们哭泣，父母就会试着找出来到底是什么让他们不高兴。哭泣不再被理解为左右他人的尝试，而是真正难受的信号。如果他们发出饥饿的信号，他们就会得到母乳或者奶瓶——按照他们所需，而且不管是什么时间。如果他们表现出想让人抱一抱，父母就会把他们抱起来。有些父母甚至能看出孩子憋尿了，这样孩子从出生开始就可以轻松成长，不用穿纸尿裤。

孩子的信号一旦得到理解，他们就会觉得，亲人会接受他们本来的样子；他们并非无能为力，而是掌握着声音、表情、肢体动作这些工具，可以通过积极使用这些工具来结束自己不舒服的状态。从出生那天起，他们就会觉得自己是无所不能的。"只要我愿意，就一定能做到"，这种自信和自我价值感会深深地植根于他们的经验宝库之中，引导他们前行。

这样我们就会看到：一方面，过去年代的那些宝宝，从一开始就被迫戒掉了哭泣以及发出其他信号，被调教成了无助的状态；另一方面，今天的宝宝可以借助哭泣以及其他反应，成功地让别人注意到他们的需求。所以这些孩子在一岁之后仍然保留这些策略，是再自然不过的了。前一种孩子惯于忍耐，因为他们学会了，他们的行为和表达不会改变现状；后一种孩子如果不喜欢什么就会大声、明白无误地表达出来，甚至在必要时"动用武力"为他们的权利和"表里一体"而斗争。

在这方面，我和儿子约舒阿也经历过一些波折，但事后对我很有启发。我儿子那时候两岁，在这之前，我从来没有忽视过一次他说"不"的情况，我们总是能够找到折中的方案，所以他从小就意识到，他的意见是算数的，所有人都应该尊重他的界限，只要他指出这些界限在哪儿。那一阵子他每天早上都哼哼唧唧不想去幼儿园，大概已经嘟哝了一周。而我在这一周里一直遵循自己的原则，总是把我的期待说得清清楚楚，然后等他自愿配合我。每次我都如愿以偿，我并不需要强迫或者通过褒奖"贿赂"他，他每天早上都会跟着我一起去幼儿园。

但是那个星期对我来说确实劳心劳神，星期五早上，当他又开始哼唧，说不想去那个愚蠢的幼儿园时，我的耐心用尽了。我没有兴趣再听他这么说了。我感觉到那些"老办法"在脑海深处蠢蠢欲动，那是基于我自己的童年经历而存储在大脑里的一些观念：这个男孩必须学会听话！我不能再听之任之了！毕竟我还要准时去上班，做到这一点的前提就是这个男孩要去幼儿园！我听到自己的大脑里"咔嗒"一声，于是我做了自己以前从未做过的事情：我不顾他的反对，把他拎了起来，然后带着他离开了家。

但是他并不想让我这么容易得逞。他在我怀里又踢又蹬、大喊大叫，像条泥鳅一样扭来扭去，身子往下坠，让我没法儿抱稳他，下楼梯的时候都跟跟跄跄。他大声地吼叫，显然搞不明白我在干什么。但是我已经做出了这种选择，就不能再回头了。其他的家长可是经常这么干——我对自己的良心这样解释着，他肯定会很快安静下来的。

但是他并没有安静下来，去幼儿园的路只有一百多米，但是我觉得自己走了无比漫长的路，我不得不经常停下来，把我怀里不停挣扎的孩子重新抱好，不让他滑到地上。他的胳膊乱挥、腿乱踹，有几次弄得我很疼。而且他一路上扯着嗓子大喊大叫，一个骑自行车的陌生人甚至下了车，问我是不是需要帮助，也许他以为我绑架了这个孩子。尽管我恶狠狠地瞪了他几眼，要把他轰走，但是这位陌生人坚持陪我们到幼儿园。他帮我背着双肩包，推着我们的儿童车，儿童车刚才确实让我吃了不少苦头，因为我抱着约舒阿，两只手都占着。事后冷静下来时，我觉得真应该向那位见义勇为的陌生人致敬。敢于面对一个发怒的妈妈，真是让人钦佩！

到了幼儿园，约舒阿还安静不下来，我把他抱上楼梯，而他仍然发疯似的一路乱踹、大喊大叫。我们两个到了更衣室的时候，都已经浑身是汗、筋疲力尽。我肯定不能在这种狂怒的状态下把他交给老师。他简直是怒不可遏。我以前从来没有对他使用过身体上的暴力来改变他的意志、执行自己的意志，这次经历让我彻底放弃了再次这么做的想法。从这个小家伙身上能够清楚地看到，他不理解我为什么会这么做。我用了整整半小时才让他平静下来，这比平时我们共同寻找折中方案多用了二十分钟。后面接连碰见了好几个万幸的情况，我才准时到达了办公室。

如果家长遵循以亲子关系和需求为导向的方法，并且相应地认可"不就是不"这一引导理念，那在孩子一岁之后，你们就基本上没机会再用施加压力的方法来贯彻自己的意愿了。孩子不会因为大人希望他们这样做就轻易屈服。这正是那些认为我们培养了"暴君"的人指责我们的地方。在他们看来，我们无法掌控自己的孩子，他们太吵闹、太调皮、脸皮太厚，就是典型的"熊孩子"。他们无法接受界限，所有的事情都要讨论。而那些需要尊敬的人——比如老师——说的话越来越没人听。我作为特殊教育工作者，完全可以证实这一点。现在要想用惩罚手段来吓唬学生，确实比三十年前我小的时候难多了。今天的孩子有足够的自信，如果他们在学校或者职业培训时，觉得权威人士的指令听起来没有道理，他们就会刨根问底。但是我们与上文提到的那些育儿指南的作者不同，我们觉得这是一个良好的、正确的方向，是我们应该遵循的方向。因为社会期待成年人能够自信地指出不公正，有骨气，可以坚持自己的意见，即使他们因此而遭受逆境。比如那些揭露社会不公的人，大家会拥护他们，甚至会把他们藏起来，让他们躲避迫害。既然大家认为这些性格在成年以后是值得追求的，为什么我们的孩子先要戒掉这样的做法呢？

因此我们认为，不是孩子需要改变，他们本来的样子就很好。如果我们要重拾过去对待婴儿的方式，只是为了培养出像过去一样听话的孩子，那就太荒唐了。过去，人们在对待这些地球小居民的时候，无意之中造成了很多心理健康问题，如果我们重走老路，将损失惨重。如果我们不再施加威权，另辟新路，虽然也很吃力，却有可能建立成年人与孩子之间一种相互合作和相互尊重的关系。

社会化的利与弊

您觉得无助吗？不觉得。我也不觉得。我也不会因为生活中偶尔出现的一个小障碍就感到绝望。我们其实都成长得挺好的，没错，这很可能是因为我们这些当年无助的小婴儿在后来的生活情境中有过很多能力体验。父母允许我们在孩子堆里打闹，我们可以在没有大人看护的情况下爬树、探索陌生的城区，可以和我们的好朋友闹翻又和好。在这些情境中，我们的经历不是无助的，而是能够建立一种自我价值感，让我们相信"我能行"。尽管我们面对强权人物，比如自己的上司，仍然会感觉自己很渺小，但我们还是长成了有生活能力的人。我们也许不能理直气壮对一直加班说"不"，或者当同事不断地催促"你再快点儿"时表示拒绝，但是在生活中的其他情境里，我们是强大和自信的。

不幸的是，今天的孩子们这种机会越来越多地被剥夺了，而且是出于良好的意愿，并且与教育方法无关。因为世界显得越来越"危险"，所以我们的孩子很少能够一个人出门，要等到年龄很大之后才被允许单独出门，而且即使出门，也不可以跑远。在儿童游乐场里坐满了大人，孩子之间发生争吵，他们就出面调解，因为他们不能眼睁睁地看着那些还不能成功控制自己冲动的小孩子吵架，甚至动手。我们的孩子获得自己的能力体验是在跟大人的交流中——他们用语言或非语言的方式表达的意愿会被认真地对待。但是在日常小事或者关于人生的问题中，他们越来越感觉自己无能为力，因为他们本来应该自己完成的很多任务都被家长分担了，所以他们很有可能会产生一种思想："反正这事我干不成""做这种事我还太小"或者"我还不够聪明"。这种教育情形下成长起来的孩子，真有可能把需要尊重的人的话当成耳旁风，但是碰到一丁点儿困难就退缩和放弃。那些警告我们的育儿指南说的就是这样的孩子。恍然大悟了吧！

因此，更有利的办法是继续努力建立大人和孩子之间的平等关系，但同时也给孩子更多的可能性，放手让他们去尝试失败，去摔个嘴啃泥，去学习在摔倒的地方重新爬起来。我们应该学习信任自己的孩子，让他们经受我们自己在童年时代克服过的危险。

心理学家马丁·塞利格曼和弗朗茨·彼得曼在他们的著作《习得性无助》中曾警告说："如果一个年轻的成年人从来没有失败过，没有应对过失败，他们就无法积累足够的克服恐惧和沮丧的经验。这样的人在关键时刻也就没有能力去克服失败、无聊和沮丧。过多的成功、溺爱会让一个孩子在第一次面临失败时完全无助。我坚信，许多失败者都是由于有过太多的成功，而没有发展出足够的应对失败的克服机制。他们的父母和老师出于对爱的错误理解，把一些他们应该做的事情过度简化了。"

因此，当一个孩子出现反社会、自私或者没有生活能力的情况，应该去思考一下真正的原因是什么。只有这样，才能避免在教育中出现马失前蹄的情况。如果我们出于好意，采用与前辈们不同的方法来对待孩子，结果又造成新的社会问题，那就太可笑了。在下面一节中，我们将介绍大脑的一个区域，它使我们的孩子会跟人打交道、有同理心、坚韧不拔。

超级工具——前额叶皮层

　　很难定义到底什么是"熊孩子"和"小暴君"，因为每一个异常的行为都只是说明这个孩子不高兴。每一个行为都有——起码对于孩子来说——很好的理由。如果孩子的举止像个小坏蛋或者"大暴君"，如果他故意惹其他孩子生气，对大人进行挑衅或者毁坏东西，那只能归因于他当时的状态，他只是想以此表达，他希望有人能看到他的痛苦，有人能来帮助他。这一点我们将在下文更深入地解释。

　　当然，我们也不能否认，有一些让人不舒服的成年人应该获得"坏蛋"或者"暴君"的称号。比如那些只想着自己得到好处的人，那些欺骗、伤害他人的人，那些以吓唬人为乐的人，那些不接受别人的界限、不分时间场合都跟他人不分彼此的人。他们的早期教育早就结束了。当时到底有哪些教育方式错了呢？他们也曾是"性本善"的儿童，怎么就变成了毫无顾忌、毫无良心的成年人呢？

　　部分答案应该到人的大脑中去寻找，尤其是被称作前额叶皮层的那一区域。那些神经网络位于额脑中眼眶上面的位置，大部分我们认为文明的、社会可接受的行为是受这一区域控制的。前额叶皮层其实就是一个理性的控制机制，我们突发的冲动会在这个机制里得到评估。比如，我们生气的时候会有打对方的冲动。这时，这个有攻击性的愿望会通过这个控制机制做评估。在短短数秒内，大脑会权衡：我们打人会有什么样的后果？对方会不会做出更加有攻击性的反应，让我们陷入危险之中？我们有可能做出的反应和让我们产生这种反应的怒气是成比例的吗？这种反应会给对方造成巨大的伤害吗？根据整个过程的不同进程，打人的冲动会被大脑向缓和的方向做调整。

一个人前额叶皮层的神经网络从三岁开始才渐渐成熟。这也是幼童稍不顺心就毫不犹豫、肆无忌惮地打人或咬人的原因，他们的控制机制还不能发挥作用。从三岁开始，我们的大脑慢慢地存储了一些对于整个权衡过程来说必要的信息。比如，大脑要存储一个人发怒的样子。如果孩子不能理解对方发怒的表情和姿态，他就不会认识到有必要克制自己的行为。行为的自然结果也必须被存储起来：如果一个小孩子打了另一个孩子，对方大概会马上还击。如果是成年人挨了孩子的打，他很可能会转身走开，或者大声训斥。所有这些反应，孩子都会逐渐存储到自己的大脑中。

前额叶皮层不仅掌管着我们会不会打人，在它的帮助下，我们还可以为未来设定目标，在行动之前先在头脑中加以计划，让我们精神集中，有意识地调动注意力，抑制干扰因素。比如，它可以让我们在吃蛋糕或其他东西的时候，克制食量，不要变得太胖；或者在我们筋疲力尽、没精打采的时候，使我们打起精神；它还能让我们承受住生命中的打击，不会因为打击感到绝望。总而言之，我们的大脑，尤其是前额叶皮层，是人类的"超级工具"。没有它，我们可就糗大了。

但正是这个区域，也有可能出现问题。大脑这个区域决定了一个孩子是有同理心、有社会性，还是没有同理心、自私自利；他是将目光锁定未来，坚持不懈地为自己的目标努力，还是等着让妈妈来解决问题。这个区域还决定了孩子能把别人的需求和自己的需求加以权衡，还是他要贯彻自己的意志，只因为在这一时刻他比对方更强大、更有力。因此，我们将在下面给大家讲一讲，以亲子关系和需求为导向的父母应该怎样以完全自然的方式，把积极的价值观根植在孩子的心中。

半大不小

自立、朋友、上学：到底哪样是真正重要的？

有时候孩子的行为对于我们大人来说完全不可理喻。比如卡娅（三十五岁）和扬（三十二岁）每天晚上都被自己的女儿贝拉惹得怒火冲天，大吵一架，这对他们每个人来说都不是什么美好的事情。但是不管是卡娅还是扬，都无法解释为什么他们的女儿要那么做。

最近，我们家睡觉之前这段时间简直像中了邪。我的女儿贝拉六岁半，刚刚上学。早上吃饭的时候还一切正常，她很友好、很配合，会帮忙摆摆餐具什么的，一片祥和，直到我们下午从游乐场往家走。因为放学之后我们经常去游乐场，这样她可以缓解一下上学的压力。在那儿她也跟小朋友们玩得很高兴。可这之后就开始不对劲儿了，有时候还在回家的路上她就爆发了，只要有什么东西看着不顺眼，就冲我们大吵大闹。如果我们尽力忽视她的挑衅，那我们还能平平安安地到家。但是，这样上床睡觉之前就会不可避免地发生一场争吵。

只要一进浴室，她就开始气人了。她把我们指挥来指挥去，就好像我们是她的仆人一样。她说话真的很难听！我们应该"老老实实"地帮她脱衣服。

如果我们没有按照她想要的顺序脱衣服的话，那就麻烦了。然后她又会抱怨，为什么这个愚蠢的浴室这么冰冷。我们应该早想着为她把暖气开得大点儿。然后她肯定又会说，我们把她的牙膏挤错了，她还会发牢骚说，我们应该知道她更喜欢另外一种。但是第二天晚上，她会对另外一种牙膏说同样的话。我们简直不知道怎么办好了。

我和我的丈夫都尽量对她乱发脾气的行为视而不见。但是，有时候我们也免不了会肝火上升。有一次，我忍不住了，就冲她喊道："请不要用这种语气跟我说话！"并且告诉她，她跟我们说话的语气特别不友好。如果以前我跟自己的父母这么说话，两句之后就会挨上一巴掌。

可一旦我们回敬她，贝拉就大惊失色，痛苦无比，就好像我们对她做了全世界最不公平的事情。我搞不明白，是她先开始挑衅的。她开始痛哭流涕，哭得死去活来。这种情况下我们当然会抚慰她，一直陪着她，直到她停止哭泣睡着。这时我总是想起她还是个婴儿的时候。我很爱她，真心希望她晚上别再折腾了。我所有的同事和朋友都告诉我，贝拉这个年龄的孩子肯定要跟家长折腾，这样的权力斗争很正常。但是我真是受不了了，我的神经快绷断了。为什么我们的孩子一进浴室就变成了"暴君"？我们希望每天睡前的事情能安安静静、顺顺当当地完成。我们也跟她聊过她这些让人难以忍受的做法，但是谈话也毫无帮助。

其实对于贝拉来说，每天晚上都被家长训斥，然后哭哭啼啼地入睡，肯定也特别难受。睡前的事情如果能在平和的气氛中进行，对她来说也应该有好处。在刷牙的时候跟爸爸开个玩笑，在穿睡衣的时候给妈妈讲讲白天发生的事情，然后跟爸爸妈妈亲吻一下钻进被窝，也许再听一段睡前故事，那该多美呀。但是这个孩子总是举止反常，频频把家长惹毛。尽管大人跟她谈过话，但并没有什么效果。贝拉放学之后或者晚上在浴室里总是会变身"暴君"，而家长对此却只能摇头叹息，无法理解。

贝拉：一年级小学生的减压行为

我们的孩子发出不合时宜的、挑衅性的行为，绝大部分情况下都是有原因的。对于贝拉来说，肯定也有一个（没有意识到的）重要的原因，使得她一再地发飙。否则，她由此遭到家长的不断训斥，早就应该不再这么做了。让我们更仔细地研究一下贝拉的情形。家长讲述道，他们的女儿还在婴儿期的时候，晚上常在他们的怀里哭泣。这对婴儿来说并没有什么不寻常的，大部分的婴儿晚上都要"闹觉"，在这段哭闹的时间里，他们会把白天得到的印象进行加工，闹觉可以说是一个减压阀。

如果我们从这个角度来观察，这个六岁半女孩子的行为突然就会变得不再那么难以理解了：她刚刚开始上学，也就是说，她在白天会遇到很多不同寻常的新情形，导致她产生压力——寻找朋友、安排自己的事情，刚开始上学的时候，小孩子要面临一大堆挑战。这些压力会一直压在贝拉身上，直到她找到一个可以减轻压力的方法。而人类的大脑很喜欢重新启用过去成功的策略，因此贝拉会无意识地采用过去一直使用的减压方法，那就是哭泣。也就是说，她有一个下意识的愿望，即通过哭泣来减压这种无意识的需求。但她周围的成年人都对她特别关爱，她想要哭也不是那么容易能找到理由。因此，她再次下意识地采取了发飙的策略，通过与父母的对立，制造出一个能够让她哭泣的真正理由。等到父母训斥她，她内心的压力——学习与生活的紧张感——总算能够通过泪水排遣出来。

对于贝拉来说，与父母的争执是一种特别有效的心理卫生手段。正是因为这种手段特别有效，孩子会极力抓住这种手段不放。对于贝拉来说，这么做利大于弊。也就是说，减压要比被训斥重要得多。尽管她做出了让人难以接受的举动，但还是能够在父母的怀里尽情哭泣。如果家长真的能任她折腾而不为所动，那贝拉就得带着更大的压力上床睡觉，长久来看这是不健康的。从另外的角度看，她的这种策略对于家长来说完全是不能接受的，尽管父母都很爱她。世界上所有的家长都不想被自己的孩子这样对待，不管是出于儿童心理卫生的原因还是其他原因。我们可以偶尔扮演一下精神垃圾桶，但是长时间可不行，更不能以我们自己的心理健康为代价。尽管现在我们理解了贝拉这么做的原因，但是她的这种做法对大人来说却是不可接受的。

愿望与需求的区别

　　为了给贝拉的家庭找到好的解决方案，我们必须更进一步了解一下愿望和需求的区别。每个人都有愿望，每个人也都有需求。很可惜，我们生活的社会没有赋予我们把这两者清楚地区分开来的能力，因此家长经常很难做出判断，孩子的想法是一个愿望呢，还是真正的需求。

　　有些家长一看到自己孩子的策略就很生气。一个六岁的小屁孩儿对什么都敢说"不"，或者像贝拉一样把睡前的事情都搞砸了，这确实让人恼火。在晚上家长确实需要安静一会儿，通常也就没有时间来深究和探索这些策略背后藏着哪些需求。有些家长甚至都没有意识到，孩子的某个需求可能是背后的原因，他们给孩子的行为做出的解释是"他就想试试家里谁说了算""她就想看看到底哪里是我们的边界""他就是想强迫我们实现他的愿望"。

　　很多家长都能够在孩子的行为背后发现他们的愿望，这已经是很大的进步，因为这样我们起码能够认识到孩子行为背后是有一个可以理解的原因的。我们自己也有早上不想去上班的时候，这与我们的孩子早上不想去上学的愿望是一样的。一旦我们认同这一点，我们再看孩子的策略的时候，尽管这些策略可能带来很多麻烦，但我们的脾气也会缓和许多。可是有时候我们无法理解孩子的愿望，因为我们自己没有这些愿望，这时候我们就会怒火中烧，既因为那些愿望，也因为那些策略。贝拉的父母就是这样的情况：他们完全无法理解为什么小姑娘每天晚上都愿意哭着上床睡觉，而不是和父母一起轻松地做完睡前准备活动。如果孩子的愿望对我们来说是可以理解的，我们对它的表达方式的反应就会比较温和；如果孩子的愿望对我们来说是陌生的，我们的反应就会很不耐烦。

在许多愿望的背后都有真正的需求，而那些表达了愿望的人往往根本没有意识到这些需求。比如贝拉，她每天晚上都倔强地拒绝配合家长，因为刚刚开始的学习生活让她感到特别吃力。在她的愿望和策略背后隐藏的需求，对于所有当事人来说一开始是一个谜，只有把所有相关情形和她婴儿期的行为都拼贴在一起，我们才会明白，放松以及减压是她行为的推动因素。而这种需求，卡娅和扬完全可以理解。当家长明白了，他们的女儿并不是一个"可恶的小暴君"或者"故意要跟他们做对"时，他们对每天晚上权力斗争的看法就彻底改变了。尽管女儿说话的语气对他们来说仍然很难听，时间长了难以忍受，但是他们现在知道，贝拉只是没有找到更好的策略。对于整个家庭来说，了解了贝拉的需求之后，才开启了满足这种需求的新道路。

让我们来总结一下。每个人都有不同的生活经历、不同的性格、不同的愿望和不同的策略，因此，我们有可能会让其他人难以理解并怒火中烧。但是我们所有人都有同样的、对于生命来说很重要的基本需求。从这个层面上看，所有人都是一样的。一旦我们向其他人表达了一个真正的需求，通常情况下都会得到积极的反应，因为对方会理解这样的需求。我们的愿望和策略可能对他们来说是陌生的，但我们的需求不是。因此，他们往往会真正付出努力，帮我们来满足需求。

人需要什么才会幸福？

空气、食物、水、睡眠、身体的清洁——这些基本需求如果得不到满足，我们大概很快就会死掉，对这一点，大家都很清楚。另外还有运动，包括锻炼身体、安静地休息；身体接触以及保护自己不处于危险之中，这些需求我们大部分人稍微想想也能考虑得到。但是还有其他一些不太明显的需求，在每个人的生活中也必须得到满足，因为一个人只有需求得到满足才会幸福，而那些需求没有得到满足的人会变得压抑，甚至丧失生活的勇气。

人的大脑生理机制是这样的：需求得到满足以后，会分泌一些阿片类物质、多巴胺和催产素，也就是说，一些让人感到幸福的激素被释放出来，人会觉得舒服。如果需求被忽视，或者根本就没有被认识到，幸福激素的分泌就会受阻，人就会变得不幸福。可惜这是一种十分不确定的不幸福感，找不到确切的缘由。由于我们常常并不会意识到自己真正的需求，在这种情况下，我们就会开始寻找策略，让自己变得更幸福一些。但可惜的是，我们经常使用的是错误的手段。下面我们会先解释一下，对一个人来说，哪些是真正对生命很重要的需求，然后再进一步解释这些错误的策略。

本真与表里一体

每个人都想要做真正的自己，不必因为别人而委屈自己。这种需求是与生俱来的。很可惜的是，过去人们过多地要求婴儿和低龄儿童适应家长的意愿，这就导致了我们中的大部分人都无法发展本来的自我，而是朝着人们想要我们发展的方向而发展。这样一种"偏离轨道"的生活，后果很可能是，我们终其一生都会有一种模糊的不幸福或虚伪的感觉。

每个孩子都想让别人爱他本来的样子。如果我们允许孩子展示他的每一面，在冲突中保证他的表里一体，那他就会心理健康地成长起来。

自我效能感

当孩子（包括成年人）看到自己可以发挥某种作用时，都会感到由衷的高兴。比如，婴儿第一次牵动了牵线木偶的绳子，木偶的胳膊和腿跟着动起来，或者一岁的男孩费了很大的劲儿，自己爬上了一个高凳……因此，我们做父母的不要总是因为害怕孩子受伤，就过多地替他们去做事情，这一点十分重要。因为这样做，我们就限制了他们对于自我效能感的满足。我们和五到十岁的孩子之间的很多问题都是由于他们没有自我效能感，他们觉得自己不能把控自己的生活，不能够通过自己的努力来改善自己的生活。这种感觉不仅会让人不快乐，甚至有可能导致抑郁。

做自己的决定

一旦一个孩子发现自己是"我"，而其他人是"你"，他对自决的需求就会增长。自立阶段的开始，是以孩子第一次坚定地说"不"为标志的。我们做家长的应该注意——当然要符合孩子的年龄——尽量多地接受孩子的"不"，让孩子在关于他个人的事情上自己做决定。这当然不是说大冬天还要骑车带着衣衫单薄的一岁小孩子满城转悠，就像我们最近在报纸上看到的那样。这一点大家都应该明白，这种行为是家长没有尽到照顾的义务。但是让小孩子来做自己的决定，完全是可能的，孩子年龄越大，就应该越多地放手让他们自己做决定，比如：穿什么衣服？什么时候应该上床睡觉？吃多少？什么时候去上厕所？学什么？

如果家长不关注孩子的这些需求，那他就会不断地为争取这些需求做斗争。尤其是五到十岁之间的孩子，他们觉得自己已经长得很大了，如果大人不给他们足够做决定的自由和自我责任的话，他们就会很暴躁，甚至产生攻击性。

被重视

希望自己的行为和存在受到重视，是人类的基本需求之一。人们经常会把重视和夸奖混为一谈，其实夸奖只是一种替代品，而且像毒品一样容易让人上瘾。真正的重视是用一个眼神、一句简单的"谢谢"，或者是一个点头就能表达的。它是妈妈看着自己孩子时眼睛里闪的光，这比那些溢美之词作用要大得多。如果两个人之间的关系出了问题，那经常是因为一个人感觉得不到对方足够的重视。这时孩子常常就会开始有意地挑衅，男人和女人就开始抱怨，或者变得有攻击性——所有这些都是一些下意识的策略，是想要表达"对你来说，我不再那么宝贵了"的感觉。缺乏重视也能从两个人说话的语气里听出来。也许您也经历过这种尴尬的情况，当着您的面，一个人带着贬低的口吻和不耐烦的表情或姿势跟自己的伴侣说话，通常这一对儿待在一起的时间也就不长了。

可惜孩子不能跟他们的家长"离婚"。如果他们日复一日地听大人用不耐烦的口气跟他们说话，他们就会像那个不受重视的配偶一样感到不幸福。不仅如此，他们的自我感知也会随之改变。因为如果父母看着他们的目光不再充满关爱，他们就会担心——他们的大脑会给他们解释说——他们不可爱了。

情感上的紧密联系

如果婴儿较长时间缺乏感情上的关爱，他们终生对生理的压力反应都会更加敏感。据说腓特烈二世曾禁止保姆和她们抚养的孩子说话，后来那些孩子都死了。一方面，生活中亲密情感以及爱的缺失对他们的身体产生了作用，他们的生理系统干脆失灵了。另一方面，如果有充满关爱的社会性的关注，人的大脑就会分泌出引起幸福感的信息素。没有爱我们会死，有爱我们才会健康成长。这大概证明了我们天生就需要一定剂量的情感上的紧密联系。它是一种重要的基本需求。

拥有一个目标

人类有基于生物学的对未来产生期望的需求。如果由于生活的遭遇，我们无法产生可以实现的梦想，那我们就会做出有攻击性、抑郁或者有成瘾倾向的反应。我作为特殊教育工作者，打交道的孩子大都出身于社会矛盾比较尖锐的街区，或是很少有机会接触教育的家庭。我发现，想要鼓励他们付出努力十分困难。"为什么我非要学习呢？反正我以后也找不到工作。我会像我的父母一样领失业救济金，整天坐在电视前。"他们还没有到青春期就已经向生活投降了，他们并不会因此感到快乐。

要想保持健康和活力，即使成年人也需要一个发展目标。如果工作没有发展，大家都会垂头丧气，退休的人时常感到百无聊赖，这些情形估计很多人都熟悉。我们人类是唯一能够对未来进行规划，能够追求自己的梦想的动物。我们需要去梦想值得追求的目标，这样我们才会感到幸福。

归属感和安全感

社会心理学家和神经学家娜奥米·艾森贝格通过实验证实了，如果一个人被从社会群体中隔离出来，他的大脑中通常感受真正的身体疼痛的区域就会被激活。在这个实验中，一个男子和另外两个看不见的受试者通过电脑玩球。一开始三个人比较平均地相互抛球，但过了一段时间，同伴们再也不给这个男子抛球了。从大脑的核磁共振图像可以很清楚地看出，这种被隔绝的情况真的让他"感到痛苦"。

在日常生活中，孩子对于归属感和安全感的需求很容易辨别。比如他们最怕家长威胁说，如果他们不马上跟着走，就不管他们，家长自己走了。如果朋友突然不理他们，他们也会变得特别不快活。孩子和成年人一样，都有成为集体一份子的强烈需求。

为家庭做贡献

上大学的时候，我曾经看护过老人，每天去帮他们洗漱、穿衣，为他们做饭。他们中的大多数人都不想再活下去了。我问他们为什么，得到的总是同样的回答："因为再也没有人需要我了。"他们感觉自己再也无法为家庭做出任何有价值的贡献了。被需要是人类的一种基本需求，这在人生的头几年就能看出来。如果大人什么都不让孩子去做，孩子总有一天会感到沮丧，并变得有攻击性，这是因为他们无法为家庭的福祉做出自己的贡献。只有当他们得到真正的任务，也就是说确实需要负起责任的时候，他们的需求才得到满足，攻击性也就消失了。

对于孩子来说，随便交给他们一些任务，比如浇花，并不能对他们有很大的帮助。交给他们的任务必须有意义，但也不需要是什么特别大的事。比如妈妈要提很重的东西上楼，提不动了，这时如果能帮妈妈提一些东西，孩子就会感觉很满足；还有为豚鼠采集蒲公英；爸爸在给小妹妹换纸尿裤时，帮忙搅一下锅里的汤，以免锅煳了；或者去面包房买小面包，让妈妈有时间来布置餐桌。这种任务的清单可以无限地扩展，所有这些任务都是家人真的（在很短的时间内）需要孩子的帮助，日常生活才能顺利进行。这样的任务才会满足孩子的需求，让他们觉得为家庭做出了贡献。

大笑和游戏

美国斯坦福大学的神经科学家迪恩·莫布斯和阿兰·赖斯曾证实过，大笑也会使人大脑中的奖励机制长期保持兴奋状态。如果我们大笑，感到快乐，我们就会感觉良好。与此紧密相连的是游戏。即使比较低等的哺乳动物在一起玩耍时，也会表现出一种（与人类不同的）笑的方式，而且它们也会分泌幸福激素。大自然赋予了游戏、大笑和快乐一种核心的功能，对生命来说，它们也是很重要的基本需求。

体验情感

能够体验各种情感是我们心理健康的重要组成部分，因此也属于我们的基本需求。很遗憾的是，在这一点上，我们的社会还有很大的欠缺。愤怒、悲伤和伴随着攻击性的策略都不受欢迎，经常会被很快地"打住"。今天还有很多大人训练孩子不要表达太多的情感，不要太大声地哭泣、太长时间地发脾气，或者太过于悲伤。

了解秩序

不管一个人喜不喜欢秩序，每个人都有植根于生物学意义上的对于秩序的需求。这并不意味着我们只有在整齐的环境中才感觉舒服，而是说，当我们能够预见到某些步骤的时候，我们才会觉得舒服。因此，对于婴幼儿来说，仪式是让人放松的行为。颠三倒四的、不能预见下一步的日常生活会给我们的大脑造成极大的压力。我们在一段时间内可以忍受、克服这样一种状态，但是很快就会因压力造成一些疾病。

我们并不是想说，孩子永远需要规则和指引，就像一些专家经常声称的那样，因为首先，规则和指引并不一定意味着秩序。一天的日常生活，早上应该起床穿好衣服，然后去幼儿园或去游乐场，晚上要上床睡觉，那这一天就是秩序清楚的一天，即使对于孩子来说没有其他任何的规则。另外，到底需要多少的秩序也跟性格密切相关，有些人需要很多秩序，而另一些人则不需要生活中有很多的秩序。

我们再来总结一下：真正的需求是所有文化中的所有人都有的。这是因为，真正的需求是从生物学意义上植根于我们大脑之中的。如果这些需求得到满足，我们大脑中的奖励机制就会像放烟花一样释放幸福激素，我们就会感觉自己健康、快乐，笑对人生。

困难的情况下应该怎么办？

为了满足需求，我们人类，不管是大人还是小孩，都会采取不同的策略，但并不是所有的策略都对我们有帮助。为什么会这样？为什么我们竟然会选择不是指向目标的道路呢？

那些根本不会导向目标的策略

并不是所有人都会意识到自己真正的需求，因此也就会出现使用错误策略的情况。如果一个妈妈每天看见孩子们把衣服扔得满地都是，而不是挂起来，她就会很生气并责备孩子。表面上看，妈妈的愿望是希望家里更干净整齐，她会不停地抱怨或者是责备，一直到孩子们变得不耐烦，听她的话为止。而妈妈真正的需求却是对她劳动的尊重。她希望孩子能看到，她为了让家里干净整齐，付出了很多劳动。他们应该尊重她的劳动，不要再制造更多的脏乱。由于妈妈并没有意识到她真正的需求，她就选择了一个不会导向目标的策略，那就是抱怨。这样，尽管孩子们不情愿地实现了妈妈表面上的愿望，但是她真正的需求——对于她劳动的尊重却没有得到重视。因此，即使孩子们总算把外衣挂了起来，她也不会感觉更好，她仍然不满意。而孩子们有可能不会理解，妈妈为什么希望家里这么整洁，他们对于脏乱的容忍度很可能跟妈妈的不一样。但是现在他们也心情不佳，因为遭到了妈妈的责备，也会做出焦躁的反应。

如果妈妈意识到她真正的需求，她就会寻找完全不同的策略。一种可能性是开诚布公地跟孩子谈谈，是什么让她感到不快。就像我们上文中讲的一样，向他人表达真正的需求，往往会得到积极的回应。如果她语气中毫无抱怨地跟孩子们说："为了让我们的家整整齐齐，我真是费了不少力气。我觉得，你们根本没有看到这里面包含了多少劳动。我觉得我像灰姑娘一样。我希望你们不要把衣服就这么随便地往地上一扔，要记得把衣服挂起来。"这样，也许孩子们就会更好地理解妈妈的需求。毕竟谁也不想像灰姑娘一样，做什么都得不到认可。如果这样做，也许孩子们以后会自觉把外套挂起来。这样妈妈对尊重的需求就得到了满足。这种方法的成功率肯定要比抱怨高一些。

我的儿子约舒阿一周岁大的时候，我们经常会去游乐场玩。跟我们住同一栋楼的八岁双胞胎罗莎和玛丽也经常在那儿玩。有一天，她们本来是跟最好的朋友莫娜约好了一起玩，但是这对双胞胎却被我儿子迷住了，只跟他玩。而莫娜却对约舒阿不感兴趣，她来这儿是为了跟两个女孩子玩。后来她就烦躁起来，因为两个女孩子根本不理她。一开始，她试着心平气和地问："你们现在来玩吗？"但是这个问题就像耳旁风，抵不过小宝宝的魅力。约舒阿咯咯地笑着，因为两个大姐姐做搞笑的事情逗他。莫娜开始自己跟自己玩，但是看起来很伤心。后来她到罗莎和玛丽身边，推推她们，然后喊道："轮到你了！"想以这种方式提醒她们一起玩，但是也没有奏效。

后来双胞胎开始跟约舒阿在沙坑里挖沙子。莫娜真的生气了，她突然粗声大气地喊道："你们太差劲了，总是跟那个宝宝玩！"她犹豫了一下，还是故意把沙子撒到了玛丽身上。玛丽当然很不高兴，她愤怒地要求莫娜停止这种行为，但是莫娜并没有按她说的做，而是又扔了更多的沙子。然后双胞胎就生气了，双方争执了起来，莫娜脸红脖子粗地跑开了。

我当时坐在一张长椅上，莫娜刚好从我身边经过。她强压怒气地指责我说："玛丽和罗莎只跟你的宝宝玩，她们是跟我约好的。"我点了点头说："我看到了。"然后等了一下。她会向我敞开心扉吗？她有些不知所措地站在我面前，默默地盯着自己的脚尖。我又等了一会儿。"她们真差劲！"她突然把一肚子气爆发出来。然后，她有了个主意："你可以把你的宝宝带走吗？那她们就肯定会跟我一起玩了。"我想了想，这不是解决她问题的真正好方法。也许短时间内会有所帮助，但是莫娜就错过了学习一种新策略的机会。

因此，我选择了另外一条道路："你告诉她们你自己的想法了吗？"

"当然啦，我说了，我觉得她们跟宝宝玩不跟我玩很差劲。"

"不是，我的意思是，你有没有跟她们说你的感觉？你感觉怎么样呢？"

"我很生她们两个人的气。"

"这我很能理解，那你还感觉到什么呢？"

"我很伤心。不，等等，我很失望。我本来很盼着能跟她俩一起玩的。"

我又点了点头，直视着她的眼睛，说："你知道吗？我在观察你们。你确实尝试了不少方法，想要劝那两个姑娘跟你一起玩。你好声好气地请求过她们，你还轻轻推过她们，然后你生气了，用沙子扔她们。这些都是不同的策略，但是都没有奏效。也许你应该去找她们，跟她们说你的感觉是什么。不要一开始就说'你们真差劲'，而要说'我很失望，很伤心，因为……'我经历过这种事，我知道这肯定会奏效的。"

莫娜怀疑地看着我，然后突然转过身。她跑到双胞胎跟前，跟她们说："我本来很盼着见到你们，我们能在一起玩的，但是你们现在只跟这个宝宝一起玩，这让我有点儿伤心，好像我对你们来说根本不重要。"玛丽和罗莎一下子愣住了，她们望着她说："是啊，我们是想一起玩来着。好的，等一下。"她们转身对我的宝宝说："约舒阿，我们现在去跟莫娜一起玩了，好吗？一会儿见，不要吃那么多沙子，小家伙！"然后她们就跟自己的朋友跑开了。

莫娜新的策略奏效了。她没有去打扰其他人的游戏，而是让双胞胎注意到她的需求，那就是她是一个宝贵的游戏伙伴。

那些看起来好像能导向目标的策略

如果我们真正的需求得到满足，我们大脑的奖励机制会分泌幸福激素，但是它也会被替代性的满足骗过去，比如我们吃甜食、买没用的东西、坐在电视机前，或者是在社交网络上流连，这些也能让我们大脑中的幸福机制运转起来。这些策略表面上看能很好地满足我们的需求，但实际上并不完全如此。

让我们看一下社交网络。现在我们成年人完全进入了数字化的世界，我们每天都在朋友圈、微博等社交网络上流连忘返，大部分情况下都会找到一群为我们量身定制的、超级支持我们的网上大家庭。大家一起聊天、吐槽自己的难处，一起号啕大哭，甚至有时候也会吵架。偶尔有人遇到了金钱方面或其他的难处，还会掀起一阵阵相互帮助的浪潮。大家会捐钱捐物，直到那个人的情况好转。我们甚至想说，在网上也能产生真正的友谊，可以满足个人对于集体的基本需求。

我们不知道你们那里情况如何，但是跟我们谈话的大部分家长好像上了社交网络的瘾，这真是奇怪。他们越来越发现自己经常魂不守舍地把手机从裤兜里掏出来，"只是看一下别人在干什么、说什么、发布了什么"。如果他们自己发了一段文字或者一张照片，每过几分钟，他们都会好奇地查看一下，是不是已经有人点赞或评论。看起来好像我们的大脑十分在意线上的群体，完全放不下他们，而这恰恰是替代性满足的特征。第一眼看上去，它们好像满足了我们的基本需求：社交网络可以让我们感到属于某个群体，我们的人格会得到重视。但这并不是一种真正的满足，起码对于我们的大脑来说不是。因此这种满足是不持久的，我们的大脑很快就需要更多，好去分泌同等数量的幸福激素。这样我们就陷入了一种成瘾的怪圈，这种瘾当然比较温和。我们的这种新式策略——通过社交网络来满足我们对于群体的需求，只是表面上看起来是导向目标的。

我们对于休息和放松的需求也并不是真正地得到了满足。不论大人还是孩子，劳累了一天，晚上经常筋疲力尽，只想往沙发上一倒，吃着巧克力，让电视连续剧来填满我们的大脑。这本无可指责，因为这虽然不能让人得到持续的、真正的休息，但这种策略在日常生活中也够用了。

但我们想提醒大家的是，一定要记住我们和孩子想被满足的真正需求是什么。我们一定不要忘记这些需求，而且一定要真的去满足它们。如果你发现自己越来越多地握着手机，就是想看看你朋友圈里刚发的照片是不是有人点了赞；如果你的孩子嚼着薯片、喝着可乐，蹲在笔记本电脑前面，然后你仍然放松不下来或有攻击性，那你就应该想想，是不是和朋友们烧烤或者去森林里散步，会让你的基本需求得到更持久的满足。我们的大脑还是有很多原始特征的。

目标导向型策略

如果我们饿了，就吃一些东西，这是能够满足我们需求的目标导向型策略；如果我们困了，就马上睡觉，也是这种策略。没有得到满足的需求，会给内心施加非常大的压力，我们人类有时候会走上那些明知道对我们不好的道路。比如贝拉的策略——对她的父母发脾气，好让父母训斥她，她就有了合理的理由去哭泣。这对于孩子来说是目标导向，她可以每天晚上用这种方法来满足她减压的需求，对她来说没有改变这种策略的必要性。但是对于她的父母来说却很有必要，因为贝拉的策略伤害了他们的需求。他们需要被重视、安宁和和谐。由于贝拉的做法长此以往会让他们不快活，因此他们一家需要为贝拉找到另一种同样能够达到目标的策略。

贝拉的父母首先在家庭会议上跟女儿进行了交流，并告诉她，他们猜测，在贝拉辱骂父母、刚刚入学以及通过哭泣来放松自己这三者之间，有某种关联。他们对于孩子的需求很理解，但同时也明确地告诉女儿，这种策略对于他们的需求来说是不可行的。也许这次谈话贝拉还听不太懂，但她爱自己的父母，所以表示愿意尝试用其他方法在放学后放松自己。父母首先建议，小姑娘应该试着晚上想一些特别伤心的事情来让自己哭泣。因为这种方法没有奏效，他们就买了一个拳击袋，想让贝拉通过打拳击把压力发泄出去。对许多人来说这都是一个很好的解决方案，但是小姑娘并没有感到放松。因此，卡娅和扬请她尝试渐进肌肉放松训练。尽管贝拉觉得这些练习很有趣，但她并没有有规律地去做，因此这条路最终也显得不是很理想。

后来，父母和女儿更加仔细地回想了一下，贝拉觉得过去有什么事情能让她放松。这时候，他们总算找到了一条对于他们的需求来说真正指向目标的策略。放学之后，爸爸把小姑娘背在背上或驮在肩膀上，身体的接触促进了催产素的分泌，而催产素正是应对压力的物质。女儿就像被裹在育儿背带里一样，通过父亲的动作，女儿的肌肉得到激发，进行了轻微的平衡运动。由此，压力的一小部分通过运动被释放了。放学之后，她不再想去游乐场，而是希望能够回家。在家，贝拉安静地独自玩她的玩具小马，沉浸在自己的想象世界里。贝拉从来都是一个能跟自己玩的孩子，并不需要其他孩子围在自己周围。对她来说去游乐场虽然很美好，但是会产生新的社交压力。使用现在这种方法，社交压力也消失了。令人惊讶的是，一家人的惯常举动只需要做出这些微小的调整，就解决了女儿巨大的难题。一个既能满足贝拉的需求、也能满足父母需求的目标导向型策略，就这样被找到了。

遗憾的是，这并不意味着这种策略对其他家庭而言，也一定能导向目标。一种方法合适与否、是否奏效，完全视具体情况而定。请您尽量尝试不同的可能性，看看哪些方法在您那儿是最能导向目标的。因为我们在这一章里给大家的提示是：一旦孩子出现异乎寻常的行为，应该马上想一想，他们可能有哪些没有得到满足的需求，也许他们采取了不聪明的策略，而不要想"他就想踩在我们头上"，或者"这就是我们对你心慈手软的后果"。请您看看这些行为背后的原因，而不是只关注表象。

如果几个孩子的需求发生冲突

如果好几个孩子的需求发生冲突，那就比较难办。对于成年人来说，短时间内隐忍自己的需求并不太难。但是孩子们能做到这一点吗？在这种时候，家长要做到对所有孩子都公平，真的需要很高的技巧。同时满足每个孩子的需求，往往是不可能的，我们必须权衡，谁在这时候可以隐忍，谁不能。对于那些当时不能马上满足的需求，我们一定不能忘掉，而是要记在心上，一旦情况许可，就马上满足它们，不要让孩子再次要求我们。这一点真的特别重要。因为只有这样，我们的孩子才会学到，他们不需要为满足需求而进行斗争。他们的需求在日常生活中不会被忽略，兄弟姐妹之间的相互嫉妒也就会避免。

要想很好地权衡不同孩子的需求，就要对孩子十分了解。对于家长来说，我们既应该关注孩子恒常的需求，比如关注和爱，也要注意孩子的当下需求，比如自立、秩序或者安全。这些听起来很复杂，实际上做起来并不难。

我和孩子必须早上七点半就出发，好准时去上班、上学，或到幼儿园。我通常六点钟起床，这样可以从容地洗漱、穿衣，然后准备孩子们带到学校去的加餐。我的女儿海伦娜特别不喜欢别人催她，她也不喜欢每天早上立刻起床。因此，我每隔十五分钟就去看看她，温柔地抚摸她一下，并告诉她，很快就到起床时间了，这样她可以在心里为此做好准备。约舒阿和卡洛塔却是"早鸟型"。如果他们早上没有自己醒过来的话，我就会在六点半左右钻到他们的床上，然后跟他们亲热一下，把他们吻醒。对于这两个孩子来说，这种亲热可以满足他们对爱和关注的重要需求。而海伦娜却完全可以舍弃这些，对她来说这些并不重要。但是她喜欢让我帮她穿衣服。尽管她早已经学会自己穿衣服了，但是如果我花一些时间把衣服递给她，同样可以满足她对于爱和关注的需求，就像亲热对于卡洛塔和约舒阿一样。

刷牙的时候，我会对三个孩子都给予帮助，因为他们的牙齿健康是我的需求。接下来的早餐则按照他们每个人不同的喜好安排。卡洛塔的需求是为集体做出重大贡献，所以有可能是她为全家摆餐具。通常她在周末才会有时间这么做，但是有时候尽管早上节奏很快，她也会为所有人切水果或煮鸡蛋。大概六岁的时候，她喜欢点蜡烛这种危险的行为，因此，那时候她就希望全家进行烛光早餐。作为一个孩子，她布置餐桌或者切水果的方式，当然和我这个成年人有很大不同。所以有时候，我希望她布置得更美一点儿。但是我会隐忍自己的这个需求，让她的需求首先得到满足。

约舒阿四岁了，对于他来说，首先是想独立行事，拓展自己的能力。因此他会把餐椅推过来，爬到台面上，再从高高的冰箱上够他的早餐麦片。在我看来，这有些冒险。但是他也会用同样冒险的方式从冰箱里拿出牛奶，从橱柜里拿出瓷碗和他的勺子。而我对此并不加以干涉，因为我知道这样会阻碍他的需求。我只需要注意，不要把刀乱放，因为这样有可能会伤害他。另外我还要给海伦娜准备早餐，因为她坐到餐桌边的时候通常还迷迷糊糊，需要很长时间才能清醒过来，所以这时候她希望妈妈能来照顾她。而我手机里的闹钟可以定时响起来，提醒我们所有人离出发还有多长时间。这样，在大部分日子里，我们都能做到不迟到（这是我的需求），也不会慌慌张张（海伦娜的需求），也不会因为哪个人还没有准备好而发生争吵（我们大家的需求）。

孩子当下的需求主要是由他们的年龄决定的：他们或是想为集体做贡献，或是要独立行动、做出自己的决定、放松、游戏等。另外也有一些恒常的需求，跟孩子的性格有一定关系，这些是为了满足他们对于爱和关注的需要。美国的伴侣关系咨询师盖瑞·查普曼曾经描述过不同的爱情关系，比较重要的有三种：一种是帮助型，一种是完全关注型，还有一种是身体接触型。如果你感到给了孩子无尽的关注，但是他们仍然不满意，仍然做出挑衅的反应，那就有可能是因为父母对孩子关注的形式并不能让孩子感到幸福。

让我们再回到我家早上的日常活动。客观地看，我对海伦娜的帮助比其他两个孩子的要更多些，也许这会显得有些不公正。但正是这点很关键：我们并不是要完全一致地对待我们所有的孩子，那并不是真正的公正。一致对待也无法消除兄弟姐妹之间的嫉妒。重要的是要认识到每个人不同的需求和偏好，并尽量满足。不管是约舒阿还是卡洛塔，如果我为他们抹面包，或者帮他们穿衣服，他们都会觉得受到了我的束缚。父母和上小学的孩子之间发生争执，大部分的情况是因为家长还把孩子看成小宝宝，替孩子做得太多，或者对他们信任太少，不敢放手让他们自己做事情，我们被禁锢在以前的模式里，尽管这时孩子的需求已经发生了变化。我让约舒阿自己去拿他的早餐麦片，有意识地不去帮助他，这样做可以让他高兴，就像我为海伦娜准备好早餐，也会使海伦娜高兴一样。

当然，每天早上我们家的实际情况要比写的热闹得多。有可能约舒阿在抽屉里找不到他最喜欢的 T 恤衫，而我正在帮卡洛塔刷牙，或者帮海伦娜穿衣服，那我就得暂时停下手里的活儿，去帮约舒阿找 T 恤衫或者建议他穿另一件，然后我得马上回来照顾两姐妹。或者海伦娜早餐时间我要一杯水，而我正站在约舒阿的身后，因为他正在凳子上晃晃悠悠拿麦片。这时候，我就需要先满足自己对于安全的需求，我会不动声色地准备好，紧急情况下抱住约舒阿，当可能的危险过去之后，我再把海伦娜的杯子倒满水。也有可能她很渴，不想再等，那她就要站起来自己去倒水。如果我正关注一个孩子，因为我觉得他的需求更紧迫，其他两个孩子就要照顾自己，或者等到我有时间为止。通常他们最多只需要忍耐几分钟，他们的愿望或需求就会得到关注。包括我自己的也一样。比如我起床晚了，还要自己穿衣服，而孩子们已经坐在餐桌旁，那所有人都要一起来完成任务，海伦娜要自己穿衣服，然后准备自己的早餐，卡洛塔给大家准备带到学校的面包等。

我们可以把权衡多个家庭成员的需求跟做一桌大餐类比：你有好几口锅都放在炉子上，要关注的是现在应该搅哪一个才不会煳锅。你切菜、加盐、把火关小，最终让所有的菜一起做好。当然，人也得关注自己，休息、洗手或者中间喝口咖啡。只需要练习一段时间，做饭时就不会再感到吃力，甚至可以让人放松心情。权衡家庭成员的需求也是一样的道理。

如果一个人隐忍太多

一天之中，总有可能出现一种情况，那就是一个孩子要不断地等待，因为另一个人总有一些更紧急的危机需要处理。由于大一点儿的孩子更善于等待，并且能够认识到家长正手忙脚乱，所以我们大人有时候就会倾向于让大孩子过多地隐忍。而我们无法对每个孩子都无微不至，这其实是不可避免的，尤其当其中一个孩子正经历快速发展期，整天哼哼唧唧、哭哭啼啼的时候。这种情况也没有那么可怕，家长只需要在心里牢记那些没有及时得到关爱的孩子。他们的反应不是暴君式的，也不是想要摆布家长，而只是向我们发出信号，告诉我们，他们心里不爽。

我们家需要隐忍的经常是卡洛塔。因为约舒阿有时候"只想跟妈妈玩"，导致我什么都顾不上。如果卡洛塔需要经常地隐忍她的需求，不一定什么时候，她就会因为鸡毛蒜皮的小事突然爆发。她会大声喊我是愚蠢的母亲，她要搬出去，或者对她来说"反正一切都无所谓"。现在我们在很多情况下，能事先从她的表情或身体姿势上看出来，她什么时候到了自己的极限。有时候，她甚至会用语言明白地表达："妈妈，我心里有一个需求！"这时候，我会告诉她，我已经看到了她现在受到的关注太少，我马上会跟她单独出去散步。也就是说，我向她宣告，她的愿望很快就会得到满足。通常情况下这会给她一些安抚，让她再坚持几分钟。而且我也会信守自己的诺言，不管这时候其他家庭成员正在怎样闹翻天。如果我跟卡洛塔一起出门半小时，可能约舒阿会发怒，但是发怒并不是表达需求。我这段时间不能像他希望的那样跟他一起玩，这让他不高兴，我能理解。从我的角度来看，他姐姐的需求这时更重要，因为她已经隐忍一整天了。等我们散步归来，我又可以关注自己的儿子，如果他这时候还需要我的关注。

如果我们对需求做出了错误的判断

你们还记得吗？当我们的孩子还是婴儿的时候，他们会用很温和的信号，比如把头扭开，或者用不那么温和的信号，比如大声哭泣，来表达他们有一个没有满足的需求。这时，我们这些新晋父母都会感到手足无措。和新生儿一起度过的最初那段时间里，估计大家都常常不确定自己是否正确理解了宝宝的意思。我们必须首先认识他，解锁他的信号，然后才能或多或少地做出细心的反应。因为宝宝那时还不会说话，我们需要预见或猜测他有哪些需求。随着时间的推移，家长越来越得心应手，直到孩子长大，需求发生了变化。你们那时候判断孩子是饿了、困了还是无聊，怎么知道自己的判断是正确的呢？大概是你们看到，你们对他的信号做出反应之后，孩子看起来满意又平和，并且暂时停止了向你们发出这种特殊的信号。

现在孩子们大了，可以很好地表述了，但是情况并没有特别的不同。当然他们现在肚子饿了会自己找些吃的，或者困意袭来会自己上床睡觉，但是大部分人都不会真正意识到压在自己心头的基本需求，孩子也是如此。他们不会说"你不停地开车把我送到这儿、送到那儿，我觉得自己的独立性受到了限制"，或者"如果你们总是抱怨我的房间不整齐，我就会觉得你们不再无条件地爱我了"，而是会发送无意识的信号。他们会变得有攻击性，嘟嘟囔囔，哭哭啼啼，或者是对父母的建议采取坚决的抵制态度。简而言之，他们的行为开始变得异常。如果父母可以解锁这些信号，并且细心地给予回应，就像在婴儿时期一样，才会收到好的效果。当然也可能出现这种情况：一开始我们会对孩子的需求做出错误的判断以及不适当的回应，但这并不可怕，我们的孩子会继续耐心地发送他们的信号。他们会很大声、很激烈，但是很耐心。一旦我们正确认识了他们的需求并给予应答，他们的异常行为就会停止，他们会满意又平和，我们与他们的共同生活也会重新变得轻松而美好。

能发挥作用的方法就是好的

"我真的是很想用需求导向的方法教育孩子，"不久前，一个妈妈曾这样跟我们说，"但是我儿子晚上真是无法进行自我调节。他没法准时上床睡觉，即使困得不行了，还在家里转来转去。没办法，我只能告诉他说，现在应该上床了，而且得在他困得昏头昏脑，开始向我发脾气之前。"

"那你这种方法就是以需求为导向的呀。"我们惊讶地回答道。

"不是不是，他并没有自觉地上床，而是我决定了他什么时候上床，这可不是以需求为导向的。"

"等一等，你刚说过，他无法自己调节？"

"是的，他需要我从外部给他一个秩序。"

"那就是说，如果你让他上床睡觉，他会感觉更好，你们也不会吵架，他早上起来精神饱满？"

"没错。但是，如果要他自己上床的话，那我们就肯定会吵架。他困的时候会变得张牙舞爪的。"

"但是，如果你早早地让他上床睡觉，他不会表示反对？"

"不会，根本不会。"

"那他的需求就是外部的秩序，而不是自立。你让他上床，你给他这个秩序，那你的这种方法就是以需求为导向的。"

"真的是这样吗？"

……

家长经常会在互联网或杂志上读到，他们必须做某些事情，或者绝对不能做某些事情，这样才能称得上运用"以需求为导向的教育方法"。

我们面对这些严格的分类时，真是不知所措，因为在我们的眼中，"以需求为导向"和"一个人为所有人确定规则"的做法是完全不能相容的。实际上，这些教条让我们十分生气。大家回忆一下，前面我们讲过，以亲子关系和需求为导向的育儿方法可以与自由玩耍类比。自由玩耍的游戏规则是参加游戏的人共同制定的，要看每一个人需要什么，以及他可以付出什么。小团队不需要向任何人解释，它为自己的游戏都确立了哪些基本点。我们的孩子到了五岁、八岁，或者十岁的年纪，他们不断在大人还是小孩、理智还是冲动之间摇摆。只要家庭的所有成员都很幸福、满意，大家的生活基本和谐——自由玩耍的时候也会有争吵——那这条道路对于全家人来说就是合适的。至于自己的规则是不是完全符合每一个"以需求为导向的亲子关系要点"，我们觉得并没有那么重要。一方面这样可能会使家长设立过多的规则，并以"孩子们需要这些"来为自己的做法辩护；另一方面，如果只是为了符合育儿指南的要求，就指望孩子做一些违反他真正需求的事情，并不会带来好的效果。我们应该把这些指南里的所有要点都划掉，只添上一点："只要是在我们家能发挥作用的，就是好的。"

根强才能苗壮

建立关系——怎么做？

我还没孩子的时候，我会对每一个要建立关系的人说："小心了，我马上要和你建立关系了！"后来，我已经在以需求为导向的育儿圈中活跃了很久，但还是不知道"与孩子建立关系"到底是什么意思。每个人都把这句话挂在嘴上，与自己的孩子建立关系确实很重要，但这到底意味着什么？我们和孩子有家庭关系，不是已经自动"建立关系"了吗？

几年前，我和家人一起度假。在公园里，我们发现了一个非常棒、非常大的游乐场，我们想在这里休息一会儿。游乐场到处都是孩子，他们的父母都围坐在桌子旁聊天。桌上摆着野餐，大人小孩都能吃。在这个游乐场里，我终于明白了"与孩子建立关系"的含义。

到达后仅几分钟，我就注意到那些孩子之间气氛非常紧张且不合作。他们大概在五到九岁之间，显然彼此认识。不过，他们不是一起玩，而是对着干。比如，在蹦床上，一个女孩跳到一个躺着的男孩背上，男孩开始哭，却没有人安慰他。大人们根本没有注意到这个情况，男孩的朋友们肯定看到了，但没有人来帮助他。一个男孩蹲在攀爬架上，他严防死守，不让别的孩子上去。谁要是往上爬，他就往人家手上踩或者吐唾沫。如果说他们之间有些互动的话，那就是把别人的东西抢走，扔来扔去，直到他生气为止。他们之间一直互相称呼"你这个受害者"。

孩子们的举动引起了我的好奇，因为从表面看，这里简直美如田园诗。孩子们身处游乐场中，身边有朋友，有健康所需的基本食物，父母让他们自由玩耍，而且父母也在场，可以应孩子的不时之需。但是，所有这些孩子——我没有别的词来形容他们——都非常有攻击性。这种孩子气的行为，难道原因在家长身上吗？至少家长对待孩子的方式惊人地粗鲁。他们说话的语气很不耐烦，即使用词通常比较中性。这清楚地显露出来，在大人的眼中，孩子是多么愚蠢或者烦人。"别再烦了！""你又来打小报告了！"是最常出现的句子。当孩子们让父母欣赏一下他们的"特技表演"时，大人或者不理不睬，或者三心二意。

由于我只在那个早上见过这些父母，我的观察可能有失偏颇。很可能那天真是糟糕的一天，而平时这些父母都很友善，对孩子们都很关切。但是为了证明我的观点，我想请大家想象一下，我描绘的这些家庭成员的漫画式形象是真实的。让我们假设，确实有父母不管不顾、对孩子不上心。当一个家庭没有内在联系时，会发生什么呢？

丧失关注会导致攻击行为

我们已经解释过，与他人建立情感联系并成为集体的一部分是人类的基本需求之一，只有这样我们才能感到快乐。美国马里兰州国家心理健康研究所所长托马斯·英瑟尔通过神经生物学研究证明，我们人类有社交大脑。当我们被他人注目，当我们有可能得到社会认可、积极的关注和爱意时，社交大脑就会释放人体自身的阿片类物质。这些物质作用于大脑的情感中心，使我们感到快乐和满足，感受到对生活的强烈热情。

约阿希姆·鲍威尔解释说："由于伴随着多巴胺、催产素和阿片类物质的释放，成功的关系是所有人无意识努力追求的目标。没有关系，就没有持久的动力。激励系统释放的信使物质'奖励'我们，不仅让我们主观上感觉幸福，还有益于我们的身心健康。多巴胺使人集中精力并具有精神力量，这是我们行动时所必需的。更重要的是催产素和内源性阿片类物质的作用：它们安抚'杏仁核'的焦虑中心以及最高情绪中心（前扣带回皮层），以此减轻压力和焦虑。"

这解释了孩子们在游乐场里的行为：如果我们不再关注孩子，不再与他们"保持关系"，催产素和阿片类物质的释放就会减少，这不仅使他们感觉不幸福（他们并不知道确切的原因，因为他们的生活看起来简直像田园诗一般美好），而且——如果这种没有关系的状态持续下去——他们会变得有攻击性，因为大脑的焦虑和攻击中心无法得到幸福激素的安抚。

让我们慢慢地消化一下这些内容，因为这是一个重要的认识。如果你觉得自己不被重视，就会用攻击做出反应，这是一个神经控制的过程。如果我们长期被社会排斥，我们最终会变得消极颓废。我们不再设定目标，整天浑浑噩噩，甚至失去生存的意愿。儿童的攻击性，也就是他们那些失常、挑衅、厚脸皮的举止，具有天然的意义，那就是让周围的人注意，他们感到自己不受重视。但是迄今为止，大人对这种行为的反应是完全错误的。这些孩子会被父母责骂、冷落，他们遭到社会排斥和无所依从的感觉会进一步增强。因此，家长应该做的恰恰相反：他们必须与生气的孩子建立更紧密的关系。家长必须转向孩子，而不是转身离开。

良好关系的五大支柱

实际上，"建立关系"应该是很自然的事情，不需要三思而后行。不幸的是，在我们德国人的历史经验中，经常出现父母与孩子之间关系失常的情况，以至于我们很多人对爱缺乏感觉。因此，我们必须先对人际关系这种基础的、原本的东西从科学上加以认识，以便通过理性的理解，回归本能的感觉。

建立良好关系有五大支柱。这不仅适用于父母与子女之间的关系，也适用于其他人际关系。这五大支柱是：

- 真正地被感知；
- 真正地关注对方的兴趣（共同注意力）；
- 一起做事；
- 保持情感一致（情感共鸣）；
- 体会他人的处境，识别他人的动机和意图

真正地被感知

人是一种极具视觉导向的生物。因此，我们很容易理解，注视对方和被

关注有助于建立良好的关系。甚至在父母与孩子最早开始建立关系的时候，眼神交流就起着非常重要的作用：早在语言交流之前，父母通过注视孩子的脸，就可以识别孩子的面部表情，从而细心地体察他的需求并做出反应。

顺便说一句，盲人在人际关系中的感知方面并不处于劣势。他们可以通过眼睛之外的渠道感知。他们可以听出声音的语气，也可以通过绷紧的肌肉感觉到对方的状态。

即使在学校或工作场所，老师和上司真正地注视他们的学生或员工也大有裨益，因为仅仅注视就能增加他们进行协作的动力。另外，大脑把不被重视解释为与身体疼痛一样的痛苦。被社会环境所忽视的人，最初会感到莫名的不适，然后会发展为忧郁沮丧，甚至产生自杀的念头。有部落中存在所谓的"伏都死"，看来并非毫无道理。这是美国生理心理学家沃尔特·坎农 1942 年首次在科学文献中描述的。如果部落成员违反了神圣禁忌，他将被"判处死刑"。所有其他部落成员都不再看他，不再给他任何回应，好像他不存在，好像他是别人看不见的幽灵。即使他在他们面前大喊大叫，跳来跳去，或故意碰撞，他们也丝毫不会表现出看见他了。实际上，即使被忽视的人身体健康，但在别人彻底停止注意他们的情况下，大多数也会很快地死去。

有鉴于此，从社会的角度，我们应该考虑在上班路上是否应该继续忽视街头的无家可归者和吸毒者。我们即使不给他们钱，是不是应该至少给他们一个注视。我们作父母的也应该考虑，故意忽视孩子这样的方法是不是真正合适的教育手段。当然，这会让我们的孩子屈服并做我们想要他做的事情，但这仅仅是因为孩子无法忍受关系破裂的痛苦，并不会让他真正地认识到自己到底做错了什么。

不幸的是，在当今社会中，眼神交流这一建立良好关系的重要支柱已经大大减少。当然我们并不是说，过去的人在公共交通工具上也会对陌生人深情凝望，搭讪闲聊——那时候的人不盯着智能手机，也会盯着报纸或书籍。但是今天，在成年朋友的聚会上，当孩子放学后闲逛时，有时甚至是在家庭聚餐时，手机都被摆在醒目的位置，并不断吸引着人们的注意力。总体而言，我们人类之间的相互注视变少了。这种现象对你们的影响程度如何，只有你们自己才能判断。我在自己身上不断发现，孩子有时候告诉我一些看似不重要的东西，而我正在手机上看一些看似重要的东西，我特别想只对孩子说"嗯嗯"和"是吗？"，而不想花时间来注视他，关注他的思想世界。但眼神交流是真的必不可少的。

真正关注对方的兴趣

你们知道有风独角兽、水独角兽、土独角兽和火独角兽吗？没听说过？好吧，如果你们的孩子四到六岁了，他们可以详细地讲给你们听。你们很有可能学到，三角龙是植食动物，它巨大的颈盾是想取悦白垩纪的恐龙女士。也许你们必须记住某部电影里会说话的汽车的名字，而且这些汽车加起来有一百多个。你们还将学会通过翅膀的颜色区分精灵女孩，学会如何旋转指尖陀螺，并在网上查找让宝可梦小拉达变成拉达的方法。你们可能还要认识汽车引擎盖上的标志代表的所有汽车品牌，因为孩子在散步时总是要问。这是好事，因为"共享关注"，即共同对某种爱好、主题或事物感兴趣，是成功建立关系的第二个重要的基本支柱，也是对他人真正感知的一部分。

关心对方关心的事物，是向他表明，他对我们来说是一个很宝贵又很有趣的人。也许你们亲身经历过：本来跟一群人聊得正开心，突然意识到没人听你说话了，大家的注意力都转移到其他人身上了。这时候，我们大多数人会放小音量，中断我们的故事。这种感觉太难受了，即使对方不是恶意的，我们甚至再也不想在一群人中分享自己的想法了。当孩子说起精灵、巫师或是某张游戏纸牌上怪物的攻击力和防御力数值时，我们不断发出信号暗示他们，我们觉得他们说的事情很无聊，我们的孩子也会产生同样悲伤的感觉。

因此，当我们的孩子正热衷某种东西时，我们应该努力去关注。当一种流行趋势从学校蔓延到家里时，我们不要鄙视，而要抓住机会来熟悉这个话题。仅仅给孩子买他们非常想要的宝可梦卡片是不够的。我们也应该学习游戏规则，使我们有发言权，能提出问题，甚至喜欢一起玩！即使是成年人之间，共同注意力对于维持关系也很重要。这并不是说，对方说的所有事情你都必须听得兴致勃勃——比如我自己，死活对柏林赫塔足球队的晋级或降级提不起兴趣，一听到别人念报纸上相关的消息，我的耳朵立刻开始嗡嗡作响。但这并不是说，大家不要再倾听伴侣说话，或不告诉伴侣每天最让自己心动的时刻，而是应该觉得，跟伴侣有话说，并且真的想听听他的想法。你们还记得自己刚恋爱时，付出了多少努力来表现出对伴侣的兴趣有兴趣吗？这就是每个人都挂在嘴上的"努力维护关系"。家长也应该为自己的孩子付出这种努力。说不定你们会发现，对自己以前不知道的事情竟然也会充满了热情。

几年来，我们家已经成为各种小动物（如蜗牛、毛毛虫和瓢虫）的聚集地，甚至我们成年人也喜欢这样。一切始于一个夏天，当时孩子们收集了大把的蜗牛。幼儿园老师发现了孩子们的这个兴趣，就在幼儿园里放了一个玻璃饲养箱，让孩子们一连好几个星期观察蜗牛的成长。小孩和大人一起学习，看看蜗牛喜欢吃什么，如何修理它们的房子。后来，孩子们捡回来更多的小动物。在那之前，我不知道瓢虫的卵和幼虫长什么样，但是我与孩子们一起学习，发现自己竟然对这些生物知识十分感兴趣。我们甚至观察毛毛虫，直到它们变成蝴蝶。全家人一起坐在一个小茧前，茧突然破开了，一个还湿乎乎、皱巴巴的小红蛱蝶爬出来，那是多么令人感动的一刻。

反之也是如此：如果你们的孩子想更多地了解你们的爱好或工作，请告诉他们。还应该告诉他们，你们小时候喜欢什么。请忘情地讲述吧！因为你们越是对某个主题充满热情，孩子对这个主题充满热情的可能性就越高，这反过来又为更多的共享关注奠定了基础。

共同行动

共享关注通常会生发出良好关系的第三个支柱——"共同行动"。共同行动会产生愉悦的亲密感。不一定非得是全家出动的郊游活动，日常小事也完全可以达到相同的效果。与朋友一起做饭，和孩子们一起建一座沙堡，或只是躺在床上和孩子们拥抱，给他们念书。我小时候印象最深刻的回忆，就是那些我与别人一起做过的事情。我记得我和父亲在狭窄的走廊里练习投手球，几次击中了吊在天花板上的玻璃灯，但是灯从来没有碎过，那时我感到非常惊讶。我还记得有一次在帐篷营地度假，遇到雨天，全家人就一起在帐篷里玩扑克牌。还有一年冬天，母亲用雪橇拉着我在黑暗中散步，我不用早早上床睡觉，感到十分幸福。当时可能只有下午六点，但是对我来说，这些是神奇而宝贵的例外情况，它们深深地刻在了那个快乐女孩的心中。我记得和朋友们一起上游泳课，每次上课前都在更衣室里和其他女孩一起大声唱歌。

维持关系很容易，但是我们的怠惰或疲惫常常是绊脚石。当孩子终于不再黏着我们，自己开始做事时，我们感到高兴；对于我们的孩子来说，脱离家长的这一时刻也非常重要。正因为他们越来越大，跟我们渐行渐远，我们更应该珍惜那些难得的机会，与他们一起做事。有些家长即使跟孩子住在同一个屋檐下也形同路人。我们可不要掉进这个陷阱。

情感共鸣

人类的大部分交流都是通过语调、面部表情、手势、姿势和说话速度等非语言交流方式进行的。通常，作为听众，我们会在不知不觉中与正在说话的人产生共鸣，因为这使我们更容易从情感上把握对方的情况。

这种现象是由我们大脑中的镜像神经元引起的。当对方告诉我们一些令人惊奇的事情时，我们无须考虑，就会惊讶地睁大眼睛；如果我们觉得对方在胡说八道，就会感到不明就里，皱起眉头。如果对方讲述的事情我们自己也经历过，我们就会心地点头微笑。我们甚至会反映对方的姿势：如果我们的谈话伙伴把胳膊交叉在胸前，我们也会这样做。如果他放松地靠在墙上，我们也有样学样。然后，我们觉得真的明白了他的意思，他也会感觉我们真的懂他。朋友打哈欠时，我们也打哈欠。如果我们走过时无意中看到陌生人在朝我们微笑，我们通常也会报以微笑。有趣的是，这种短暂的共鸣常常会在不经意之间照亮我们的内心，让我们突然感觉心情大好！

这种情感共鸣能加强人与人之间的联系，因为一个人的非语言符号会通过无意识的身体反应，把对方大脑中类似的弦也拨动起来。但是，有些人缺乏这种情感共鸣的能力。这些人反复遇到人际交往的问题，因为他们无意间让人觉得他们很"高冷"。比如，有一次我告诉一个同事，我觉得在众人面前进行演讲很难，她只是简短地说"哦，没那么吓人，你能行的"。我没有从她那里得到任何情感上的回应，因为她无法理解我的问题。我觉得她的回答根本没走心，感觉像是碰了钉子一样。我当然"能行"，我只是想告诉她自己的心情。

父母和教育者经常犯这样的错误：孩子因受伤而哭泣时不能感同身受。他们不会用富有同情心的面部表情和手势去抚慰，而是在情感上置身事外，并试图用语言抹除痛苦："没那么可怕""一点儿都不疼""你该冷静冷静"。你们可能不需要我们强调就能知道这种方法对孩子的帮助不大。是的，甚至可以说，这种对别人的感受不敏感的行为会使人与人之间的关系出现裂痕。值得庆幸的是，情绪共鸣现象是如此直观，以至于我们在大多数情况下会情不自禁地与我们的孩子产生共鸣。而且，如果你们知道了情感共鸣的重要性，即使没有产生共鸣，至少可以说话时谨慎些，以免对他人造成伤害。这也能加强人与人之间的联系。

体会他人的处境，识别他的动机和意图

正如我们已经详细描述的那样，异常的行为通常是由于未满足的需求所致。为了"保持关系"，我们一定要努力体会他人的处境，以便对他的行为举止有所了解，从而能够猜测出他的动机和意图。

在《叛逆期关键养育》这本书中，我们用了许多例子来说明，大人总是马上怀疑孩子有"不良企图"。一个三岁的孩子在超市货架前大喊大叫，撒泼打滚，不是因为父母不给他买巧克力棒，不是想对父母施加压力，而是对这种限制感到愤怒和悲伤，又无法和声细语地表达这些情感。一个七岁的女孩早上大哭大闹，说所有衣服都很愚蠢，穿上扎人，她也不是想让父母发疯，而可能是和别的孩子在学校里暂时有了矛盾，又无法用其他的方式表达

这种内在压力，只能用这种替代的办法。这并不是说女孩的强烈情感和眼泪是假的。父母应该明白给她买新衣服是无济于事的，必须看看她的行为背后有什么动机，并在那里找到解决问题的办法。

即使成年人之间也会经常产生误解，因为我们总是通过自己的或者与他人一起的典型经历，来体察某个人的意图或动机，而不是把它当作个案来对待。这并不是我们偷奸耍滑，而是因为大脑想节约资源。这样的结果就是，有时候我们会感觉受到对方的攻击，其实他根本就没有往那儿想。要真正看透别人的动机，实际上是不可能的，我们只能假设和猜测。我们常常能非常接近正确答案，理解推动对方行动的真正力量，但我们必须始终心里明白，我们也有可能完全猜错。

因此，开诚布公地交谈对建立良好关系十分重要。你们应该向孩子和伴侣解释自己为什么这样做而不是那样做，说明自己的动机和意图。还应该利用身边的一些机会练习，比如对游乐场中人的举动加以观察，并与孩子一起思考，每个人的动机可能是什么。如果你们觉得理解了孩子的行为动机和方式，那下一步就是按照戈登的方法进行积极聆听，我们将在"格丽特：积极聆听创造亲密感"那一章进行详细介绍。通过概括性的追问，确认你们是否正确理解了孩子的意图或动机。

让我们再回到开头提到的那个游乐场，看看那群好斗的孩子。我对你们说实话，那天我有点儿疲惫，不想与陌生的孩子打交道。我觉得那里很糟糕，几乎无法忍受那种气氛。我本来希望立即离开，但是我没有料到孩子的行为。海伦娜和约舒阿冲上蹦床，试图安慰那个男孩。不厌恶口水的卡洛塔走到攀爬架那儿，友好地望着男孩，把躲避口水变成了一场游戏。我怀疑她只是没有意识到他是认真的。我都快看不下去了，但她笑得很开心，因为他一直瞄不准她。游戏不知不觉发生了变化。不知什么时候，男孩开始假装自己是一只老虎，疯狂地向我女儿挥舞爪子。海伦娜和约舒阿也加入进来，游戏变得越来越疯狂，越来越吵闹。但那些攻击性行为都是假装的，他们在相互交流。卡洛塔以孩子特有的毫无成见，无条件接受了那个男孩，他们建立了可持续的游戏关系。两个小时后，当我们终于离开游乐场时，他非常认真地跟她击掌再见，他们现在是好伙伴了。当然，他们可能再也不会见面了，但是在两个孩子的生活中有那么短暂的一刻，他们之间建立了联系，这个联系帮助他们了解了"维护关系"的含义。

宝拉：学校和个人责任

父母与子女之间共同生活的最大问题之一是责任分割不清。根据我们的观察，父母经常会在不必要的地方承担责任，而在那些因为孩子发育不成熟、仍然需要我们支持的领域又放弃了责任。一旦发现并改变这种不正确的责任分割，很多以前每天都爆炸的场景就会突然消失。接下来，我们将谈一谈哪些责任是孩子由于发育的局限还无法承担的，哪些责任是父母必须让孩子承担的。

尤塔（四十三岁）谈她九岁的女儿宝拉：

宝拉已经让我烦恼了一段时间。她都九岁了，可干什么事情都慢得要死，每一步我都得推着她往前走。一大早这种状态就开始了，她先是无法决定早餐吃什么，于是我只好替她决定，如果我不管她，她就会迷迷糊糊地坐在那儿半个小时，一口麦片都不吃，我得不断地催她，"吃一口吧，吃一口吧"，她才动一动。但是她又不喜欢我老是唠叨她，会跟我顶嘴。

下午做作业的时候也是这样。我们两个没有互相把对方掐死，简直是一个奇迹。我得不断地催她，等她开始写作业，两个小时已经过去了，然后她还得再抱怨十五分钟，为什么她要写作业，作业真愚蠢。她会对每一道算术题发出诅咒，字也写得像鬼画符。我当然很生气，又把那些字擦掉。最近她的字写得更糟糕，连她自己都看不懂了。实际上我必须坐在她旁边，否则她就开始画画或玩。对她来说，解题并不难，但她就是不想做。

所有约好的活动都去不了，因为宝拉通常要到下午六点左右才能写完作业。为了让她快点儿完成作业，我用郊游和各种奖励吸引她，但都不起作用。如果我告诉她，由于她家庭作业没有写完，无法跟她的朋友见面，她还生我的气。她会对我说一些不恭敬的甚至有攻击性的话。因为在她眼里，这当然是我的错，我应该为她生活中的一切负责。我是坏妈妈，禁止她做这做那，简直是世界上最糟糕的妈妈。显然她还没有意识到，自己做事慢腾腾才是问题所在。

当尤塔来找我们咨询时，她主要抱怨说，她感觉自己的时间被完全占用了。除了负责自己的工作和家务之外，她还要把大量的时间花在女儿身上，根本无暇顾及自己。

她必须一直"监视"宝拉，否则宝拉可能任何事情也不做。尤塔很理解为什么女儿对她的喋喋不休如此过敏，但她不知道如何才能摆脱困境，因为她坚信，如果不强迫女儿做作业，女儿肯定会在学校成绩大跌；如果她不提醒女儿吃饭，没准儿女儿会饿死。但是当妈的也知道不能再这样继续下去。她说早就超过了自己力量的上限，一直在以"超负荷"模式运转。所以她没法在孩子面前表现得放松和充满爱心，尽管她很想这么做。

尤塔不是个案。我们认为，当今一代的父母承担着太多的任务。当然，这是因为我们希望与前几代人"有所不同"，但不幸的是，我们并不知道这条新路应该怎样走。因此，经常发生的情况是，我们承担的工作量超出了一个人能够承受的限度。

原因之一是——我们已经写过——我们大人不知道，孩子在什么地方需要支持或者不需要支持。儿童有能力、想要并且应该对跟自己身体有关的所有事情负责。但是，如果成年人承担起这一责任，则可能会发生三种情况：孩子失去了对身体需求的天然感觉；孩子内化了一种印象，即家长不希望他照顾自己；大人超负荷运转。

孩子失去了对身体需求的天然感觉

孩子知道自己什么时候饿，想吃多少东西——他们从出生那天起就具备这种能力，尽管不是自觉的。但是，很长时间以来，总有各路专家说服父母，他们必须监督孩子的饮食，才能使其苗壮成长。于是，在专家的帮助下，餐食被以克为单位精确计量，用餐时间雷打不动。即使在今天，家长还常常抱着一个错误的观念，那就是千方百计要让孩子多吃一口，即使他们已经转过头或闭上了嘴。如今，家长不再要求大一点儿的孩子一定要把饭吃完了，但他们的生活中仍然是成年人来决定他们是否"已经吃饱了""再吃一口"，或者是"再吃一大口蔬菜，然后你就可以吃甜点了"。

其他方面父母也在进行不必要的干预。比如：不管是天热还是天冷，他们都跟孩子争着决定，孩子应该穿什么衣服；他们决定孩子何时上床睡觉；有些人甚至会说"没那么严重"或"就因为这个，你根本没必要哭"，来决定某种情况是否值得孩子哭泣。我的女儿们上幼儿园的时候，老师非要她们往早餐麦片里加牛奶，禁止她们往里倒水，因为据老师说，这样"不好吃"。听起来真荒谬，不是吗？要决定另一个人是不是觉得好吃，理性地来看简直是胡说八道。然而这样的事情时有发生。

宝拉的妈妈也有这种感觉，她觉得自己必须提醒女儿吃饭，大概是因为她认为，确保孩子肚子饱满又精神饱满地开始新的一天，是做父母的责任。但是妈妈的责任仅仅是确保家里有足够多的健康食物，确保女儿有足够的时间坐在桌旁吃早饭。是否利用这个时间以及吃多少，这其实是孩子的责任。

孩子内化了一种印象，即家长不希望他照顾自己

我们孩子大脑中的镜像神经元非常准确地记录了我们的社会如何运作，并将其存储为正常状态。在其他环境中，它们会将那里的行为存储为"正确"——这取决于那里把什么视为正常。很多儿童的本能实际上是为了自我照顾。如果新生儿出生后被放在妈妈肚子上，他们会使劲地头拱腿蹬，直到嘴巴碰到乳头。婴儿觉得自己很孤单时就会大哭，用哭声使亲人回到自己身边。他们会利用一切可利用的手段，使自己得到照顾。即使刚会说话的孩子，也会冲着我们大喊"自己做"，这是他们想照顾自己的自然流露。但是，在我们的社会中，大人仍然习惯把照顾年幼孩子的责任背负到自己身上。一岁的孩子已经坐得稳稳当当，仍然经常被绑在高脚椅上吃饭。通常，这样做是出于担心，害怕他们可能会发生什么事情。这种做法是可以理解的，但也是有问题的。因为这样一来，从一开始就给孩子暗示：你们不用对自己负责，别人会为你们负责。最终，孩子可能会习惯让别人来照顾自己。但是最晚在孩子入学时，大多数父母都希望他们变得独立。当孩子根本不想要照顾自己时，他们会感到恼火。孩子都六岁了，饿了就自己吃早餐，而不是等妈妈来，这应该可能吧。当然可能！但前提是，在过去六年中，家长曾经让孩子为自己负过责任。

大人超负荷运转

我们做父母的要保障孩子获得足够的、健康的食物，充足的睡眠，应季的衣服，不生病，在学校学习良好、不落伍，以后再找一份好工作。我们的父母就是这么为我们做的，祖父母对我们的父母也一样。我们对此负有责任，这种观念深深植根于我们的集体记忆中。但是，除此之外，我们今天的父母比前几代人还要承担更多的情感照顾。我们努力细心体察孩子的需求，在婴儿期，我们甚至根据孩子的需求来计划我们的日常生活。我们强忍怒火，尽力帮助孩子调节情绪，尽可能给他们以安慰。当我们与孩子争吵时，不会甩手而去，而是努力解释并寻找折中方案。我们权衡每个人的需求，并设法调和。坦率地说，这很累。

为什么以前几代父母没有像我们这样接近极限，最有可能的解释很简单：因为他们不太关心孩子的情感幸福。不是说我们不被爱，而是当我们发脾气时，我们只能自己"消气"。如果孩子哭了，而大人没有看到哭泣的"正当"理由，孩子很可能马上会有真正的理由去哭——屁股上挨了一巴掌。每当我们与父母发生冲突时，很少有平等解决的办法。当然是大人说了算，不管他们占不占理。生活是围绕父母的需要而组织的，孩子必须适应他们。如果孩子有反对意见，父母很可能对孩子不理不睬，直到他不能忍受这种爱的缺失而主动道歉，即使孩子实际上是正确的。

当然也有例外，因为每个家庭各有不同，但总的来说，我们的童年就是这样。重申一下，我们的父母爱我们。当时就是不流行关心儿童的情感需求，可能也没有人意识到这其实很重要。

我们不想重复这种教育方式，这一点大概不用多做解释。但是我们也应该更多地照顾自己。我们决不能忽视对自己的照顾。如果自我牺牲太大，我们最终会对孩子感到不满，觉得他们向我们索取过多。为了节约自己的能量，我们必须找到减少工作量的方法。这时，孩子的自我责任就要发挥作用了。

归还自我责任

在跟自己有关的所有领域中，孩子对于需要什么和什么对他们有好处，都有一种天生的、天然的本能。他们很清楚自己爱吃什么，什么不对他们的胃口。他们能够分辨出某种气味会使他们感到愉悦还是不快。他们最清楚自己是暖和还是冷。

他们还可以信赖自己的感觉：他们知道自己跟谁好，受不了谁。如果试图说服他们，某个人是好人，既是一种越界的做法，有时也是危险的。如果他们不想拥抱或亲吻某人，即使是近亲也必须尊重这一点。当他们对某事感到悲伤或生气时，那就是他们的感受，无论原因在成年人眼中是否无关紧要。

当涉及到他们的需求时，孩子们也很清楚他们需要什么：如果他们累了，就去睡觉；他们能感觉到何时需要上厕所，何时饥饿或口渴，何时想跟人亲近，何时想一个人清静一会儿。我们不必告诉他们要学习什么，他们能自己找到社会环境中最重要的文化脉络。他们可以自己决定发展哪些兴趣爱好，他们知道什么是美，并据此打扮自己。

孩子对自身情况拥有本能的感知，如果这些感知没有被好心的成年人遮蔽，那父母这时候就可以轻松地放手，让孩子做自己的事情了。事实上，孩子们根本不想让我们替他们做这些事情，他们三天两头与我们争论的正是这些问题。这也是父母改善自己生活质量的机会。放手让我们的孩子去做吧。让他们自己决定什么时候上床睡觉，从我们准备的食物中挑些什么吃。如果他们想不穿外套出去，我们就别强迫他们了。

诚然，这说起来容易做起来难。当我看到女儿卡洛塔冬天光着脚在旧式公寓里冰凉的木地板上跑来跑去时，我经常得忍一忍，才能不说出我的担忧。我本人穿着摇粒绒外套和厚厚的拖鞋仍然浑身发冷，但是她一放学回家就至少把袜子脱掉。有趣的是，在所有家庭成员中，卡洛塔生病的次数最少，这个跟她穿得少可能没有因果关系，但这一事实至少使我放心、放松，相信她能照顾自己，她自己应该最清楚什么时候觉得冷。

让孩子自己决定并不意味着对他们不闻不问。当然，大人有更多的经验，不应该对他们有所保留。如果我的孩子不穿外套离开家，而天气预报说下午有雨，那我就会建议他们把外套带上，以防万一。如果他们晚上玩得很开心，没有注意时间，我当然会提醒他们。但是他们是否接受我的提醒上床睡觉，那就由他们自己决定了。

上学和作业

在学校学习方面，我们父母瞎操心的情况尤为明显。这是可以理解的，因为我们会考虑孩子未来的工作和发展，因此，我们想在教育方面给他们积极的支持。我们经常担心，小孩子没有远见，在这方面还无法做出明智的决定，但这不是我们的责任。实际上，我们应该从一开始就鼓励孩子设计自己的学习路径，这其中就包括对自己的家庭作业负责。我们父母唯一的任务是给孩子提供一个安静的地方并帮助他们安排时间来做作业。如果他们有问题，我们当然乐于解答，或者帮助他们把握时间，比如在作业时间即将结束时向孩子发出信号，更多的介入根本没有必要。相信你的孩子，你会惊奇地发现，一切都会大体上顺利进行。当然可能会有一两项作业没有完成，也许一开始没有完成的作业更多，特别是如果大人在这之前承担了过多责任。这时候孩子需要一个适应阶段。首先他们必须明白，现在要他们自己掌舵了——如果第二天老师板着脸要他们回答，作业为什么没写完，那就只能怪他们自己，怪不得别人了。父母对孩子的信任是以亲子关系和需求为导向的育儿方法成功的关键。我们内心的期望反映在无意识的手势和面部表情上，因此重要的是，我们必须真正相信，我们的孩子天生具有做出正确决定的能力。相信你的孩子！

总体而言，孩子们对学习感兴趣。他们也知道，良好的学校教育对他们的未来生活很重要，并且会做出相应的表现，如果他们有这种自由的话。

从前边介绍的尤塔和宝拉的例子中可以看到，如果妈妈把女儿应该承担的责任交还回去，就可以轻而易举地解决两个主要问题：家庭作业和进餐缓慢。尤塔的工作应该只是确保孩子在下午有足够的时间写作业，以及做其他物质准备，包括学习场所。女儿是否使用，则是她自己的选择。尤塔可以为她的家庭作业提供帮助，但如果女儿拒绝她，她也大可不必非要帮助女儿或者自己生气。

也许一开始会发生一些让她担心的事情，也就是说，九岁的孩子会画画和玩耍，而不是做功课。但是当大人施加的压力消退时，大多数拒绝学习的孩子也就不会用反向的压力来做出反应了。那些真正拥有选择权的人可以自由决定最适合自己的东西，而不必总是反抗家长的管束。

尤塔也不需要鼓励女儿早上吃东西，尽可以做自己的事情，这样她就不会再觉得，她必须一直陪在孩子身边而忽略了自己。交还责任将使她获得空闲时间。妈妈唯一的工作是安排孩子在早上的例行活动，以便有足够的时间吃早饭，并准备好健康的食物。如果宝拉还继续迷迷糊糊而不吃东西，那是她自己的决定。她会注意到，饿着肚子上学是否对自己有好处。根据她自己的判断，她很快会决定早餐时是否要吃点儿东西。宝拉不一定非要吃早餐。许多人不吃早餐就出门，上午的时间才吃东西。

放手让孩子自己处理个人领域的事情，使他们能够"从后果中学习"，这种方式对孩子来说是可行的、正确的，不会超出他们的认知能力。"没有外套我很冷""不吃早餐我又饿又累"或"没有做作业会让我的分数很糟糕"，这些道理五岁的孩子都能懂。有了自我照顾——这是每个人固有的好习惯，孩子会自己行动，而这些行动与大人期待的往往相差无几。换句话说：孩子们很可能会穿上外套、吃早餐或做作业。如果他们不这样做，他们要么不冷，要么不吃早餐也不会感到饥饿，或者觉得成年人并没有真正把责任移交给他们。

小心，陷阱：秘密计划

一位家长生气地决定不再帮助孩子做功课，因为孩子总是顽固地抵制。家长却暗中希望老师能真正给孩子点儿颜色看看，最终让他低头，承认家长是对的。这样的家长不是在移交责任，而是暗中寻求报复。这种愿望太符合人性了，可能是因为孩子对父母的干预不知感激，使大人受到了伤害。"我们可都是为他好！"

如果家长厌倦了无休止的战争，想把责任还给孩子，同时又想着"让他好好看看，这对他有什么好处"，那这个尝试十有八九会失败。孩子们对这样的秘密计划有第六感——他们在潜意识里唤醒了抵抗意识。他们会睁大眼睛往火坑里跳，就是不想让家长有胜利的满足感。整个过程会变成一个怪圈，孩子的固执甚至可能减弱家长的同情心。有些父母站在尿湿裤子的孩子身边，铁青着脸任孩子哭泣，并宣称"这是你自己的错"，毕竟，他们已经告诉过他，事先应该去洗手间。还有些父母送重感冒的孩子上学，他们不想给孩子请病假，因为感冒是孩子自己不负责任的行为导致的，他们可是告诉过他应该穿一件厚点儿的外套。他们实际上是很有爱心的父母，但是无法超脱孩子对他们的伤害。我想，在这一点上我们无须赘述，这种行为不再是出于爱。这绝对不是我们想要与孩子建立的关系。

　　因此，交还自我责任必须基于一种真正的理解：不管替孩子做什么决定，都是一种狂妄。我们大人可能要花一点儿时间才能真正明白这一点，但这是值得的。一旦我们放弃秘密计划，孩子才会有真正的自由，去采取自我负责的行动。

小心，陷阱：假装移交责任

　　家长还会落入的另一个陷阱是，他们仍然不能肯定，他们是否真的可以相信自己的孩子能负起自我责任。这个陷阱就是"假移交"。这些父母通常会"小规模"地让孩子自负其责，看看是否起作用。比如每逢周末或节假日，孩子们可以决定何时上床睡觉，结果总是很糟糕。孩子们不会自律，会熬夜，并且第二天睡过头。对大人来说，这又证明了让孩子自负其责是对他们期望过高。

　　大家仔细观察就能明白，这样的尝试不可能有好的结果，除非你们有一个非常有见地、非常明智的孩子。大多数孩子希望自己可以晚点儿上床，但父母们认为，早睡会更好，这样第二天早上才会精神饱满。外部调节使孩子更加希望能够晚睡，并且一旦有这样的机会就抓住不放，比如在周末和节假日。于是在这种情况下，孩子根本不会在意身体的疲劳，因为他想尽可能地享受这短暂的自由。另外假期里反正也不必早起，因此没有理智行动的必要性，也不会产生自然的后果。一个在上学期间凌晨一点才睡觉的孩子，第二天早上会很困，上课的注意力也很差——这才是自然的后果。

　　说实话，即使是成年人，也不会在周末和节假日早睡，虽然这对我们有好处。那么为什么孩子非要接受这一点呢？我们平时基本准时上床睡觉，因为我们通过反复的尝试和失败，已经确切知道了我们需要多少睡眠时间，我们也应该给孩子这种可能性。自我责任的移交要么完全发生，要么根本不发生。"假移交"只会让所有家庭成员感到沮丧，孩子也不可能从中真正学到什么。

小心，陷阱：如果我干涉，就会快点儿

　　的确是这样：如果我们替孩子承担起责任，许多事情会进行得更快。当孩子们吵架时，我们介入，把两个吵架的家伙分开，那么——至少是表面上——很快就会恢复平静。当孩子们在抱怨，感到无聊时，让我们来提出建议，或者中断我们自己的工作来陪他们玩，那么抱怨很快就会停止。当他们无法下定决心时，让我们替他们选择，不过是几秒钟的事。

　　但这是好心的父母会陷入的另一个陷阱。因为这些做法只能在短时间内对孩子有帮助。从长远来看，孩子被一再地剥夺了发展的机会。由于成年人总是干预，他们很少有机会自己结束冲突，怎么能发展建设性的辩论能力？有人可能会争辩说，孩子们经常会从动口变成动手，他们争吵时不会学到任何"建设性"的策略，但这并不完全正确。因为冲动控制、同理心和道德是紧密相连的。如果孩子之间的争执升级到打架的地步，很多信息就会存储在大脑中。在下一次冲突时，前额叶皮层就会用到这些信息，还手的冲动很可能会减弱。如果成年人出面阻止，争吵虽然被打断，但可能的后果也无法保存以供参考。孩子们就无法学到"如果我打另一个人，他会哭，甚至流血"，而是学到"当我们争论时，一个大人会来，并阻止我打人"。这种信息对于发展道德良知至关重要，也是构成建设性辩论的基础。此外，被成人打断的争执没有结果，它继续在暗中闷烧，下次一有机会又会燃烧起来。

如果让孩子承担起自己的责任，那么解决某些状况可能会花费很长时间，或者一开始只能简单粗暴地处理。然而熟能生巧，为了能够自信地处理人际关系、个人的需要、社会习俗和个人的自由，需要大量的练习、反复、试错，甚至是失败。如果我们不允许自己的孩子犯错误并从中学习，会大大削减他们成长的机会。

为了避免过于教条，如果家长偶尔没心情践行正确的教育方法，也不应该受到谴责。有时候，我们大人只是希望事情能快一点儿。那就行动吧！生活太复杂了，僵化的育儿规则肯定不可能到处都适用。在每个家庭中，每天都发生成千上万的小事情，在每一件事情上你们都可以选择，是要快速解决，还是要孩子发展自己的能力？这不是一个陷阱式的问题，日常生活已经够累人的了。由于每个人的家庭情况都不尽相同，是否干涉孩子，应该由家长视自身情况而定。

王牌："因为是我说的"

有时候我们就是放不下。比如我自己，即使刷牙明显属于"与自己的身体相关"的范畴，我也很难让孩子承担刷牙的责任。不是我强迫他们刷牙，我从来不这么做。因此，多年来肯定发生过一两次孩子没刷牙就出门的情况。但是，总的来说，我每天两次站在洗脸池前，再帮他们刷一遍，这一点对我很重要。我的孩子也都知道并接受这一点。

我相信你们每个人也都有痛点，在这一点上你们不想失控。也许是孩子的学习，电子产品，或是健康饮食，这也是人之常情。在某些方面我们成年人确实比孩子更有远见。因此，有些事情我们比他们自己更重视。但重要的是，不要想说服孩子原封不动地接受我们对事物的看法，因为这就成了操纵他们了。

如果我们想说服他们"刷牙很重要！相信我，刷牙很棒！你想要美丽、洁白和健康的牙齿！总有一天，你会感激我坚持让你刷牙"，孩子们会对这种操纵特别敏感。其实我们成年人也一样。必须刷牙是一回事，必须同意刷牙很重要，并且对被迫这样做很感激父母，那就是另一回事了。

只要父母不想改变孩子们的内在态度，他们完全可以自主地应对父母僵化的规则。在我们家里，这条规则就是，我要帮他们把牙再刷一遍，直到他们十岁。我向他们解释了我为什么这么在意这件事，但我没有试图说服他们这对他们很重要。我没有改变他们对事物的看法。我的孩子们仍然觉得刷牙的重要性被高估了，并且很烦人。当我出现在浴室帮他们刷牙时，他们时不时也会抱怨，有时我们甚至对此争论不休。我要接受这些争论和抱怨，因为这代表了他们的观点。这种不耐烦提醒我，他们正在满足我的愿望。因为他们注意到这对我很重要，因为他们爱我。这是出于爱的妥协，他们自愿将一些责任交付给我。正是由于这个原因，我们在这一点上不会互相斗争，尽管这种情况完全可能导致权力斗争。作为妈妈，我想在这一点上保留发言权，并且不想放弃这种大人的特权。而我的孩子们此时也自愿认可我的领导权，即使他们的意见与我相左。尽管我动用权力，但他们仍然是表里如一的，并没有对我阳奉阴违。不言而喻，我们成年人只应在一些极为重要的情况下才使用"因为是我说的"这张王牌。在其他领域，孩子应该尽可能多地承担自我责任。

西贝尔：帮忙做家务

我们成年人常常对责任和责任意识有错误的理解，而且这种理解往往在我们心中根深蒂固。图格（三十岁）与我们的对话显示了这一点，她给我们讲述了九岁的女儿西贝尔的情况：

西贝尔很懒，这句话在我心里压了很久了。她经常忘掉自己应该做的家务，比如浇花、倒垃圾或清洁鸟笼。当时，她恳求我们要养虎皮鹦鹉，并发誓会一直照顾好它们。花我可以不管不问，让花干死，这样她就可以感觉到自己所做事情的后果了。倒垃圾这件事我只能不停抱怨，一直到她去干为止。鸟当然不应该饿死，我偷偷地给它扔了一些谷粒。如果鸟死了，她可能会从中更好地吸取教训，但我真的是不忍心。

她还经常忘记帽子或手套，还有上学的运动包。就算她记得带上运动包，下午回家的时候又会把它忘在电车上，而我又得再给她买一套新的。她总是在星期一早上临出门前五分钟才告诉我，要给她的考卷签字，整个周末她都干吗了？她有的是时间给我看她的卷子。我不再跑去给她送东西或者提醒她。我也拒绝在大门口签字，至少她头一天晚上可以给我看她的考卷。

我认为，她已经九岁了，应该可以照看好自己的东西了。我希望她会觉得自己很冷，或因为没带运动服不能上体育课而成绩不佳，这会让她好好地记住她的运动包。但老实说，这种效果尚未实现。她偶尔会想起来一次，但随后一切又重新开始。另外，她还责怪我，她已经把考卷举到我的鼻子前面而我没签，我真是太可恶了。如果我发现她没有带运动包，可以提醒她呀。但是凭什么所有事情都要我提醒呢？我又不是她的仆人。

通常，孩子到了一定年龄，父母会希望他们能负责任地处理自己的事务（例如保管运动包或提醒家长签字）。图格也不例外，但她并不能如愿。事情应该不是那么难吧，不是吗？嗯……是的，确实很难。让我们看一下人的大脑：

为了考虑所有事情，孩子需要控制自己的注意力，并在工作记忆中同时顾及几个重要方面。工作记忆负责处理传入的信息。我们的视觉、听觉、嗅觉、味觉、触觉和平衡感每时每刻都在接收来自环境的刺激。它们数量众多，完全可能会超出大脑的处理能力，因此大脑会忽略那些（显得）无关紧要的信息，仅允许为完成当前任务所需的信息通过。苏黎世联邦理工学院负责智力和教学研究的教授埃尔贝丝·斯坦因认为，人要目标明确地工作，必须牢记三件事：目标本身，实现目标所需的现有知识，以及来自外部世界的、制订行动计划所需的信息。

五到十岁的孩子应该能掌握这三点，他们知道目标是准时带着所有东西上学。为此他们应该将所有东西尽可能地放在一个地方，最好在前一天晚上将这些都装在书包中。如果在早晨添加了新信息，比如夜里下雪了，或者他们收到一条通知，说今天上体育而不是数学，那么他们可以相应地改带其他东西。正是因为从理论上说，他们能够做到这些事情，能够有目的地做出反应，所以当问题一遍又一遍地出现时，父母就抓狂了。

"能"和"做"是两回事，之间的差异也很容易解释：因为工作记忆的存储容量有限，人无法一下子记住无数的东西——无论大人还是孩子。孩子越小，工作记忆的存储能力就越低。它是经过多年的大量使用和反复实践才扩容的。概括地说，一个五岁的孩子在早上能记住的东西要比十岁的孩子少，而十岁的孩子又比十五岁或二十岁的孩子记住得少。

孩子越小，我们对他们的错误越应该宽容。如果我们的孩子想到了帽子却忘记了手套，我们没有理由烦躁地翻白眼或唉声叹气。就像是一个还不能走很远的幼儿，我们也不会去抱怨他，只会去帮助他，直到他具备了与我们同行的身体条件。因此我们做父母的早上应该注意孩子的东西。如果他们看起来又要忘带什么，就赶紧把东西塞到他们手里，不要责备。不断地抱怨不会使孩子的大脑发育更快，只会破坏家庭的气氛。如果西贝尔在出门前突然想起她需要家长的签字，那么这是一项认知成就，图格应该为之感到欣慰，因为这表明女儿在有确定目标的时刻（上学），可以很好地集中精力，以想到其他相关信息（必要的签字）。女儿的意见是对的，拒绝签字确实很差劲。这就难怪她对妈妈感到失望而抱怨了。

另外，早上孩子的目标很少与成年人的一致。孩子离开家时不是考虑今天要上体育课。他们更关注的可能是，有漂亮酒窝的弗洛今天是不是又会对我微笑，米娅是否又要嘀咕别人的坏话，或者弗朗茨是否带着他的新宝可梦卡片进行交换。他们的优先事项与父母的完全不同。就像我们上面讲到的一样，在众多刺激中，大脑只会让那些与当前目标相关的刺激通过。所以我们的孩子很可能在那一刻记得带上宝可梦卡片，而忘记了运动包。

说到忘性大——图格抱怨女儿总是把运动包落在电车上，我们很容易理解这对当妈的来说有多烦，因为必须不断地买新运动鞋，而这是一笔不小的开销。但是，图格在这里对女儿又有一些不公平。因为在这种情况下，人脑的某种特殊性也是孩子"失灵"的原因：当人乘坐电车、淋浴或慢跑时，此时所见或所闻对大脑来说并不重要——因此这些信息都被屏蔽了（除非发生像消防队出动那样异常的事情）。因为大脑有些余力，所以它开始做白日梦，思绪不由自主地飘散开去。显然，这对我们的大脑灰质尤为重要。研究表明，当我们醒着时，我们只有大约一半时间专注于此时此刻，而另一半时间则思绪飞扬。

因此，当西贝尔在电车中开始做白日梦时，运动包将不再是她关注的焦点。等她必须下车时，则可能会出现两种情况：要么她非常了解自己要坐的车和要走的路线，几乎可以自动找到路——那她的大脑就会停留在白日梦模式下——这时她可能会忘记拿包。另一种情况是，这条路对她来说是新的，那她必须进行快速决策，比如在正确的地方下车或换乘、注意交通状况，等等。这些都对大脑的工作记忆造成很大的压力，她只能专注于这些事情——而忘记了拿包。我们短暂地转换一下视角就能明白，西贝尔有几次在下车之前都能及时把注意力转回到她的计划上，即想着她不想丢掉的所有东西，这是多么棒的表现。考虑到这一点，也许我们应该在孩子每次把全部东西都带回家时，在内心里赞美他们一番，而不是喋喋不休，抓住不成功的那几次不放。说老实话，你们自己是不是也丢过不少雨伞？

我们的孩子经常丢东西固然不好，但是就大脑的能力而言，这是正常的。家长可以与老师商量一下，把运动鞋留在学校，将其余部分带回家清洗。T恤衫和短裤即使丢了也不会像一双运动鞋那样损失惨重。

确定优先事项

让我们再来看看孩子生活中的优先事项，这也许可以解释为什么他们常常忘记做家务。爸爸养的花是否茁壮，通常不在他个人紧迫事项的前十位。但是如果孩子爱好植物并且自己种了一些，那就另当别论了——他们就会经常记得给植物浇水。通常，我们会交给孩子浇花这样的小任务，因为我们认为这会让他们感到骄傲、自信，并增强他们的责任感。但是在最初的兴奋之后，孩子的兴趣很快就消失了，活儿也没人干了。这使大人感到失望，并开始抱怨那些"不负责任的"孩子。这是我们对责任的错误观念引起的，这样的观念只会引发矛盾。例如，浇花实际上只是一项"假负责"的任务，大人认为这个任务适合孩子的年龄，但它并不是真正的责任。如果孩子忘记了这项任务，不会发生任何令人印象深刻的后果。是的，植物枯萎了，但是孩子们并不认为有什么糟糕的。这正是成年人选择此类任务的原因——因为出错没有关系。但是小孩子很快意识到，家长不会让他们承担任何真正的责任。对他们而言，他们很失望，执行这个任务时也只会三心二意。

移交真正的责任其实很容易，那就是让他们对自己负起责任。只有孩子们能够自己决定那些跟他们自身有关的事情，他们才有真正的机会成长起来。因为这时他们必须面对实际的后果。比如，如果他们决定不写作业，那第二天就必须跟老师说明白，听听老师对此有何评论。或者，如果他们决定早上不吃早餐，他们将不得不忍饥挨饿，直到下一次课间休息。这些不是成年人给他们的惩罚，而是真实的生活、真实的人及其反应，这些将给他们留下持久的印象。这才是真正的对自己负责。

我们并不是说孩子不应承担任何家务。正好相反，我们发现五岁的孩子已经能够给家人以支持，为大家的舒适做出贡献。浇花、倒垃圾或布置晚餐的餐桌都是他们力所能及的。我们只想指出，这些任务不适合教育孩子有责任感。责任感源于真正的自我责任，并在同理心和道德感的发展过程中得以成长。

分配家务

我们认为，孩子帮忙干家务并支持父母是很重要的——我们大人不是仆人。但是，在以亲子关系为导向的层面上，我们认为至关重要的是，不要施加压力或威胁。在我们的第一本书《叛逆期关键养育》中，我们已经非常详细地展示了，为什么我们认为任何形式的合作都应该始终是自愿的。但是，如果不能说"把洗碗机里的东西拿出来，否则你就不能看喜欢的动画片"，那我们怎样才能让孩子帮忙做家务呢？因为孩子通常对做这些枯燥的工作并没有真正的兴趣。

人具有对"危险游戏"的天然渴望，我们觉得可以把这一点用在让孩子帮忙做家务上。孩子们喜欢尝试危险的事情——那些让他们体验焦虑极限的事情。我们将在"艾哈迈德：危险与自然体验"一节中对此进行详细介绍。孩子不一定要爬最高的树，独自一人将垃圾拿到楼下可能同样令人兴奋。这取决于孩子的年龄。例如，我们的儿子约舒阿一岁半的时候受到各种各样垃圾的神奇吸引，那么，有什么比让他把垃圾袋拖到垃圾桶里更有吸引力呢？这对他来说是一项艰巨的任务，因为他刚能稳稳当当地下楼梯，现在他突然不得不考虑如何提着垃圾袋。他两岁时喜欢用削皮器削土豆皮或在锅里搅拌。为了使这成为可能，我们为他建造了一个"学习塔"——一个带栏杆的高凳，他可以安全地站在和炉灶一样高的位置。从三岁起，他就承担了与我一起清洁豚鼠笼和洗碗机的任务。我们根本不需要催他，因为他喜欢爬高，站在椅子或台面上将杯子放在正确的橱柜里，这些对他来说是一种游戏，可以训练对身体的控制能力。

我的孩子们都在帮忙做家务方面表现得比较不错，我相信基于需求的方法在这方面很有帮助。我们大人没有给他们任何固定的任务，而是一直在寻找他们的兴趣和需求所在。例如，卡洛塔四岁的时候一定要学做饭。由于我不是一个特别有天赋的厨师，她就拜访了我们的一对朋友，他们非常擅长烹饪。在那里，她学会了我在厨房里做不到的所有本领。回到家里，她就发挥所学：削胡萝卜皮，给肉排裹上面包糠，挖空西葫芦，揉做蛋糕的面团等等。这些任务足够"危险"，可以让她体验焦虑的界限，并且可以刺激她的自我激励机制。她五六岁时，就自愿为我们做全套的晚餐。她唯一不想做的是对付锅里四处烹溅的油。这还是让她觉得太吓人，所以我承担了这个任务。七岁时，她经历了漫长的烘焙蛋糕阶段，使我们所有人都胖了几斤；她很喜欢精美的餐桌摆设，所以她在我们的早餐桌上点上蜡烛，或把盘子里的水果摆成花朵的形状。

海伦娜对烹饪不感兴趣，但她五岁的时候突然发现缝纫很有趣。因此，她开始在一个朋友的母亲那儿当"学徒"，那位慈爱的女士教了她手工缝纫的基本知识。在家里，我们把有破洞的衬衫或长裤给她练手，她都认认真真、勤勤恳恳地进行了修补。当然，活儿看起来并不特别专业，但是又有什么关系呢？做家务的意义不在于完美的最终结果，而在于执行时的热情。我们的孩子应该看到帮助他人并坚持不懈地完成任务是多么美好和令人满足。如果劳动的结果受到批评，就达不到这样的效果了。六岁时，海伦娜转向用缝纫机缝纫衣服，发现了自己对熨衣服的热情。在那之前，我们家里从未熨烫过衣服。我们为她买了个较小的旅行熨斗，她的小手可以拿动，而且不会太烫。

从我的讲述中大家可以看出来，孩子们的任务在不断变化。他们会花几周的时间做一些自己选择的家务劳动，直到他们觉得学到了足够的知识，然后转向新的挑战。因此，我们大人不要希望孩子把某项工作承包了。可能过上一段时间，我们又得自己做饭、缝纫或清洁豚鼠笼。但是，我们可以确信的是，孩子们在家务方面会给我们帮助。他们一定会找到令自己兴奋的任务，有时大，有时小。然后他们会充满激情地擦拭家里的镜子、洗衣服或去买花种在阳台上。如果他们有几个星期什么也不干，只是躺在床上听广播剧……好吧，那也没关系。

自愿很重要

我们和其他育儿指南的看法不同，我们并不认为做家务就是要承担责任。承担自我责任，已经够我们的孩子忙活了。帮忙做家务最重要的是相互支持，是观察和赞赏他人的工作，是成为团队的一员并为集体做出贡献。如果孩子们可以在没有任何压力的情况下体验到这一点，那么他们就会对承担家务有积极的看法。在这种积极的联系发生之后，可能会发生两种情况：一种是，孩子们对某些任务有偏好，并自愿定期承担这些任务；第二种是，父母也可以临时让孩子做那些他们不太感兴趣的工作。因为当任务在大脑中触发令人愉悦的反应时，孩子比得到消极反应时更容易超越自我。如果一个孩子总是被父母要求清空洗碗机，但心里很不情愿，另一个孩子总是自愿做家务，因为他觉得自己是家庭团队的一员，这时如果父母说，赶紧在面包店关门之前去买面包，两个孩子的反应是不同的。

适当的责任额

图格无意间"教给"了她的女儿西贝尔，家人之间可以不互相支持。因为她不想成为"仆人"，所以她拒绝帮助她的女儿，或者只是暗中帮忙，比如给小鸟喂食。事实证明这种做法的效果不佳，因为图格的意图是好的：她希望西贝尔学会承担责任。我们猜测，她可能还想教她持之以恒，即使这件事很费力。在这种情况下，大人经常忽略的是，孩子自己会练习这些事情，只不过练习的领域被大多数成年人认为是愚蠢或无用的。

大家也许还有印象，几年前，孩子们中间流行扔水瓶，就是把一个带盖的塑料瓶装上一半水，然后一抖手腕扔上去，使其在空中翻几个滚儿，然后——重要的是——直立着落到地上。我的学生们玩这种"水瓶翻转挑战"都玩疯了，这让我的同事们大为恼火，因为孩子们课都不想上了，只想到外边去扔瓶子。结果学校一声令下，扔瓶子被禁止了。这很可惜，因为如果仔细观察整个过程，大家就会发现，这是一个完美的例子，通过这个例子我们能看到孩子们如何通过玩耍就获得了某些能力，而我们通过必修科目训练他们这些能力时却往往要费尽心机。为了使瓶子垂直落下，必须练习手腕动作数百次，力量或角度的细微差别决定了能否成功。如果放手让孩子们去做，他们会花很多时间去练习这种"没用的东西"，不顾手腕疼痛、肌肉疲劳，甚至忘了吃喝。同时，他们的大脑储存的信息是：全神贯注于一项任务并坚持不懈地练习，直到熟练掌握为止，这是多么美妙并让人满足的感觉啊。大人施加的所有任务都无法在大脑中建立如此持久的积极联系，一个也没有。更令人奇怪的是，我们成年人倾向于阻止孩子这种自发的毅力挑战，因为它们浪费时间，会耽误我们眼中的"人生大事"。问题在于，坚持不懈和毅力与大脑中的积极感觉联系在一起，对于完成某些大人们觉得无聊和冗余的任务至关重要，比如背单词。因此，我们是好心干了错事，帮了孩子的倒忙。

我们建议图格认真考虑一下，她到底想教西贝尔什么。是责任吗？好的，那就让孩子通过自我负责来学习。她想让西贝尔培养毅力吗？那她就应该忍受孩子痴迷的"怪癖"。在网上，我们可以找到一个男孩把洗衣机当鼓敲的视频。他不仅敲机箱的外壳，有时还弯腰钻进去，敲洗衣机的滚筒。听起来很棒，而且肯定痴迷了很长时间，才能敲出那种效果。

如果图格想让西贝尔学习乐于助人，那么她自己也应该乐于助人。提醒别人忘记的事情，并不会伤害他。但是，本来可以帮助他而故意没有这样做，想让他吸取教训，那才会伤人。用这种方式跟亲人打交道，缺了点儿人情味，对孩子学习乐于助人更是无济于事。

如果图格希望自己的女儿能尊重别人的工作，那就应该允许她做一些看似危险的家务。正如我上文提到的，孩子们觉得那些在他们眼中有风险的任务很有吸引力。我们不会让孩子去擦开着的窗户或修理电源插座，但是完全可以让他们在安全的前提下使用工具。通过这种方式，他们可以学习如何负责任地使用工具并增强自信。当孩子们试着去完成他们自愿选择的任务时，他们会注意到，这些任务多么费力，有时候要花费很长时间。这意味着，当我们再承担这些任务时，他们会自觉地更加尊重我们的工作。

艾哈迈德：危险与自然体验

过去的几十年中，美国儿童和青少年萎靡、焦虑、情绪颓唐和抑郁症患者持续增加，并且比二十世纪五十年代的对照组的平均值高出 85%。科学家一直怀疑，恐惧、不满或情绪失控等情况加剧是由于无法掌控自己的生活而引起的。要想体验到这种"掌控感"，需要人能为自己负责，应对某些情况。让我们举一个显而易见的例子，如果一个婴儿总是让父母帮助才能坐起来，会感到自己很无助、需要依赖别人，而另一个经过长时间的练习和失败，总算自己坐起来的孩子，会有掌控感和自我价值感。

掌控自己的身体，不断触及自己的界限并超越自我，这是植根于我们人类发展中的基本需求。每当我们完成自己设定的任务时，大脑的奖励中心就会抛洒出缤纷的激素烟花。如果我们想体验高兴和满足，就只能遵循这一发展道路。因此，当这种对进一步发展和超越自身极限的基本需求无法得到实现和满足时，比如，父母太害怕孩子会发生什么事情，孩子就会出现心情不佳，具有潜在的或公开的攻击性、郁闷或缺乏动力等情况。

不幸的是，在当今的西方文明中，家长越来越不敢让孩子独自到户外走走，或玩成年人眼中"危险"的游戏，比如，爬树、用刀子刻东西或到附近的树林里跟朋友一起骑自行车。以前一群孩子没有大人看着在外面玩是常事，如今，孩子们越来越多地受到至少一名成年人的监护。一方面，孩子的一天被全日制学校、足球培训班、音乐培训班或其他业余活动塞得满满的；另一方面，成年人对安全的担心也在不断增加。

相关性并不一定意味着因果关系，也有可能是儿童期的抑郁情绪增加恰好跟儿童自由度降低成正比，但不一定是一个因导致了另一个果。但是，有充分的理由表明，这两个事实之间存在着直接联系。我们从一个简单的观察就能看到这一点。像七岁的艾哈迈德这样的孩子，一旦获得了自己寻求挑战的自由，就突然不再跟家长找别扭了，他的妈妈艾比克（二十七岁）这样给我们讲道：

我感觉我的儿子艾哈迈德已经到了青春期，可他只有七岁。他一直脾气暴躁，经常无所事事地待在自己的房间里，没什么能让他提起兴趣。其实直到最近，他都玩得很开心。他在一家足球俱乐部里训练，和爸爸一起练习游泳，学习下棋。他什么都想尝试。在幼儿园的时候，他一直很好学、很开朗。

但现在一切都变了。他从学前班回来，最想做的就是坐在电视机前一动不动，如果我们家长不让他这样，他就会攻击、侮辱我们。他会冲我们大喊，他不要我们管。他会猛地摔门，或者威胁要搬出去。根本没法跟他理性对话，哪怕受到丝毫批评，他也会爆发。

即使不大喊大叫，他也会阴沉着脸坐在那里，破坏我们的心情。如果我们想骑自行车郊游——"没兴趣！"去博物馆？——"无聊！"去动物园？——"那是小孩子干的事情！"他对什么都那么消极，真是让我心烦。我总是问自己，他现在就这么暴躁，到了青春期还不知道会成什么样。

许多孩子在幼儿园和小学之间的阶段会变得脾气暴躁，动辄发火，因此这一时期也被称为"龅牙"青春期或学前青春期。这些"龅牙反叛者"的行为会突然变化，常常令父母感到惊讶。通常专家是这么解释的：这个年龄段的男孩随着睾丸素激增，变得更具有攻击性。但是，这是一个"城市童话"，因为不但四岁的孩子，就连六七岁的孩子，血液中的激素都没有明显的增加。此外，女孩中也有小小的"龅牙反叛者"，这完全不能用睾丸素的升高来解释。在十岁之前，男孩和女孩的睾丸素水平几乎相同，即接近于零。只有在青春期，男性体征才会发育，出现胡须和阴毛增长、长青春痘、变声等情况。

更有可能的原因是，在这段时间里，孩子的生活发生了巨大的变化，而对这些变化他们无法控制。从熟悉的、有人呵护的幼儿园生活到全新的学校世界，这一步尽管令人期待，但也非常令人恐惧。由于这种改变是不可避免的，并且不能由孩子们主动控制，因此他们在某种程度上感到无助和无能为力。他们无法把控这一短暂的人生阶段，不管他们是否喜欢，他们都得上学。我们已经在本书中多次描述过，这种无助感会导致攻击性或者萎靡不振。

为了摆脱无助的感觉，这个年龄段的孩子最需要的是真正的挑战，因为他们在克服危险时可以控制自己的恐惧。这意味着，在这个年龄段，孩子的需求发生了变化。在过去的几年中，与亲人的情感联系、安全感和体验各种情感具有核心的位置，而现在重要的是自我效能感和自主行动力。与这些需求密切相关的是"被允许做更多事情"的愿望。很可惜的是，意识到自己的需求并不那么容易，因此孩子们没有使用具有目标导向的策略来表达自己的愿望。他们甚至不知道自己想要什么，只管跟我们找别扭。这时候我们大人应该保持冷静，并给予孩子现在迫切需要的东西：挑战、自由和信任。

不可抗拒！

挪威特隆赫姆市毛德皇后儿童早期教育学院心理学教授埃伦·桑德塞特通过对"冒险游戏"的研究发现，这个世界上的所有儿童都受到某些挑战和危险领域的吸引——自然元素、高度、速度、危险工作、狩猎游戏、捉迷藏和格斗游戏，以及发现未知地形。

那些把家长的话当耳旁风的孩子，对火柴、蜡烛或篝火能产生难以形容的迷恋。水对他们也吸引力十足：即使是很小的孩子，也喜欢在大水坑里玩耍。再大一点儿他们会喜欢河，在水里嬉戏，吃力地尝试逆水游泳，或者大呼小叫地随波漂流。他们在河边筑坝，或踩着石头摇摇晃晃地走到河对岸。魅力无穷的第三个元素是泥土。孩子们喜欢在土里挖洞——越深越好——还喜欢在泥里滚来滚去，根本不在乎把身上弄脏。

他们对高度的迷恋也非常相似：孩子们喜欢爬树，或者在墙头上大胆地保持平衡，尽管他们知道，走错一步就可能会摔折一条腿。他们小心翼翼地走在陡峭斜坡的边缘，感受俯视时心惊胆战的快感。

他们对速度也充满了热情，他们喜欢奔跑、骑自行车、滑轮滑或滑板，越快越好。他们总是尝试更大胆的玩法。他们会滑着滑板冲进 U 形池或冲下楼梯，或者骑自行车时到转弯处极度倾斜，随时冒着摔倒的危险。有些青少年为了寻找速度感，甚至想在城市快轨的车厢顶上"冲浪"，或者站在滑板上，悄悄地让汽车把他们拖走，他们其实知道危险可能是致命的。

作为父母，你们肯定也知道危险工具的魅力。很小的孩子就学会收集棍棒和石头，用它们来"打仗"。再大一点儿，他们会用小刀东割西刻，或制作弓箭。到了某个年纪后，割草机、钻头、缝纫机、火炉、菜刀和滚烫的熨斗都对孩子散发着吸引力。

在狩猎、躲藏和摔跤中进行力量角逐，似乎也是人类生物学属性的一部分。在自由玩耍中，孩子们更喜欢成为被追猎或被寻找的对象。因为猎物处于"更加危险"的位置，如果游戏是认真的，他的生命将处于危险之中。

捉迷藏也是为了巧妙地避免被发现。与狩猎游戏一样，寻找者的角色最不受欢迎。被追赶和逃脱似乎最让人兴奋。在格斗或摔跤游戏中，人们可以观察到，孩子们对胜利并不怎么关心，他们更多是为了角力，或以自己的力量摆脱困境。

迷路对孩子来说是最刺激的。他们经常在游戏中通过短暂离开父母或探索新的领域来体验这种恐惧感。甚至小婴儿也喜欢从父母身边爬走，然后再马上爬回到父母身边，并借助父母的爱抚减轻这种积极的压力。这些行为被称作探索行为，它们很好地表明，孩子有足够的自信要学习新事物。即使在公园或游乐场里，孩子们通常也不会在游乐设施所在的地方玩，而是在灌木丛和荒凉的角落里探险，在那里，他们离开了父母的视野，可以去探寻新的道路。废墟、黑暗的地窖和落满灰尘的阁楼都对孩子充满了吸引力。似乎人类拥有发现基因，驱使他们对周围的环境进行系统地探索。

战胜危险，这种渴望已经铭刻在我们身体内部的生长发育计划中。每个孩子——无论他生来是活泼还是沉稳，在成长过程中都会遵循这一计划。从生物学的角度来看，这肯定具有某种意义，因为动物的后代也表现出对危险游戏的青睐。

所有哺乳动物的幼崽在游戏中都故意反复地使自己处于困难的、相对危险和令其恐惧的境地。当它们嬉戏着奔跑、跳跃和追逐时，会不断地在失去和重新获得身体控制之间交替。比如小山羊跳起来时，它们会扭转、蜷曲身体，加大着陆的难度。幼猴和幼猿在树枝间攀缘时，会选择距离足够远且离地面比较高的树枝，让自己有点儿害怕，但如果掉下来，还不足以造成严重伤害的。年幼的黑猩猩似乎特别喜欢在游戏中让自己从高高的树枝上掉下来，在差点儿就要落地的一刻，抓住较低的树枝。

通过尝试危险的事物，孩子学会了实际地评估他们的身心能力并加以扩展，以不断提高他们的恐惧阈值并应对紧急情况。恐惧感太强烈会让人裹足不前，过于鲁莽则可能丢了性命。恰如其分的平衡最重要。

巧妙的自然系统

如果允许孩子按照自己的步调接近危险的物体或环境，他们会时而掂量着朝威胁迈进，时而保全面子地退缩，通过这样一套复杂的系统形成所谓的经验性恐惧。这种经验性恐惧简直再好不过。这使他们有能力去评估，哪些任务他们可以勇于承担，哪些对他们来说仍然太过勉强。这样可以大大降低受伤的风险。

孩子们行事会像真正的研究人员一样：他们选择一项任务，这项任务非常接近恐惧阈值，与此同时，他们会检查一下它触发了哪种感觉。它引起的恐惧仍然在可接受的范围之内吗？心跳加速、起鸡皮疙瘩和胃部不适对我们的孩子并没有什么害处。这种刺激正是驱使他们逐步提高技能并真正让他们成长的动力。如果他们对情况的评估是积极的，他们会克服恐惧并面对任务；如果他们的分析结果是否定的，他们会暂时搁置计划，也许在第二天、下周或者明年才再次尝试这种情况，而根本不需要家长施加压力或说服。

孩子们的这种系统十分巧妙，而我们成年人却动不动就妄加干预，想"保护"或"稍稍推动"我们的孩子，这就显得很可笑了。因为情况恰恰相反：由于我们的恐惧或压力，减少了他们学习评估自己能力的机会。有时我们对他们要求太高，敦促他们无视自己的经验性恐惧，做一些他们的身心系统都告诫他们"不要做"的事情。比如有些父母用心良苦，为了促使孩子从三米高的跳板上跳下来，故意刺激他们，把他们称为"胆小鬼"。

有时，我们禁止孩子做那些他们的系统做出肯定评价的事情，比如，手拿着棍子奔跑、从第三个台阶跳下去，或独自骑车去上学。是的，这些事情有危险！可能会发生什么意外。当约舒阿和他的朋友们手拿着棍子四处乱跑时，我脑海中会浮现出数千种血淋淋的场景。但是，如果我们永远禁止孩子做这些事情，就会降低他们对于个人能力和掌控自己生活的感觉。他们就无法建立有效的经验性恐惧和风险评估，而这两者都可以防止伤害。结果是，孩子要么因为从未失败过而高估了自己的能力，要么因为胆小而什么都不敢做。

瑞典儿童文学作家阿斯特丽德·林格伦已经知道，让孩子以自己的步调面对恐惧，这对他们来说十分重要。比如，她在《强盗的女儿》中，让父亲一边警告心爱的女儿隆妮娅小心不要掉进河里，一边对她挤挤眼睛，向她描述如何练习从水流最湍急的地方大胆地从一块石头跳到另一块石头上去。

如果孩子们掌控了危险的处境，他们就会感到自己很有能力。他们感到自己并非无助，恐惧也可以得到控制，这是他们学习的最重要的课程之一，但这需要在日常生活中有锻炼的机会。满足这种需求并不难，只需要我们做父母的控制住自己的恐惧。我仍然清楚地记得，当卡洛塔和海伦娜第一次独自去面包店买周日早餐的小面包时，我的心里如何七上八下。每回第一次"放手"，对我来说都是战胜自己的过程，我想大多数父母也都有过这样的心情。但是我们应该放手让孩子去体验。

应该允许五至十岁的孩子做的事情不完全清单（仅供参考）

● 去面包店或最近的商店买小东西

● 独自上学

● 身边没有父母，与朋友一起去游乐场或球场

● 在特定区域独自骑自行车（八岁之前他们必须在人行道上骑，十岁以后可以在街道上骑）

● 骑自行车时有控制地练习跌倒

● 爬树

● 在墙头上保持平衡

● 翻墙和栅栏

● 从台阶或其他高处跳下来

● 独自乘公共汽车、电车或地铁

● 独自走路或骑车去体育俱乐部参加训练

● 用火柴或打火机点燃蜡烛

● 实验哪种材料会燃烧以及了解灭火的不同方法

● 在炉子上做饭

● 用锋利的刀切食物

● 用小刀练习雕刻

● 独自待在家里

● 在溪流中修建水坝（如果会游泳的话）

● 穿上衣服跳进游泳池（如果会游泳的话）

● 用电熨斗烫衣服

● 操作缝纫机

- 使用工具（锯、锤子、钳子）
- 用热胶枪修补
- 与朋友在花园或院子里扎帐篷过夜

当然，其中一些事情只能在父母的陪同下完成。只有当父母在家时，才能允许孩子在公寓里玩火。例如，我的孩子可以在浴室的洗脸盆上练习使用火柴和蜡烛，而我在厨房做饭。用放大镜点火，也只有在院子里和我在场的情况下才可以——我向他们解释说，周围不应有其他易燃材料，并且他们每次都要准备一桶水灭火。他们还知道并非所有类型的火灾都可以用水扑灭。我的孩子只有当我在家的时候才能在炉灶上做饭，因为我作为大人经常也会忘了关炉灶，我可不希望孩子独自在家时发生这种事情。

上面列表中的哪些项目适合你们的孩子，完全取决于你们自己的情况。如果你们觉得孩子独自上学绝对不可能，那么你们的评估肯定是正确的。我们只能提出一些建议，我们知道五到十岁的孩子有哪些可以并且想要掌握的事情，但我们不了解你们的生活，因此也无法评估风险。

艾哈迈德的妈妈艾比克决定让儿子到离家约十分钟的小店买些东西。他们住在一个大城市，一开始她对这个计划感到有点儿担心。但是她注意到，能够独自出门并真的拿钱买东西，实在让艾哈迈德感到非常自豪。同时，她对男孩的看法也改变了。到目前为止，她一直对他无精打采的样子感到失望，但是现在她意识到，她只是给了他错误的建议。她开玩笑地对我们说，他是一个真正的猎人和采集者，当他为家人搞到食物时，他是最快乐的。这一观察给了她进一步的想法。她给他买了一把运动弓、吸盘箭和一个靶子，他也很喜欢——后来他甚至加入了一个射箭俱乐部。在他七岁生日那天，父母送给他一个带有真正工具的工作台，他现在放学后可以尽情地在院子里干活了。由于这项活动，他跟爸爸的关系更紧密了，因为现在他们经常一起用木头做手工。

顺便说一句，艾哈迈德的购物热情很快就消退了。这种情况并不罕见。你们可能还会注意到，如果你们的孩子被允许尝试"危险"的事情，他们通常只会做两三遍，之后可能就兴趣索然了。这是一个正常的过程，类似于婴儿又爬回到父母身边，冒险和克服恐惧之后，撤回到避风港。因此，如果你们的孩子接连两个星期天积极地去买小面包，但是在第三个星期天却礼貌地拒绝这样做，请不要失望和着急。切记：孩子的目的是克服并扩大其最初的恐惧阈值，以便感觉到可以掌控自己的生活。仅此而已。

给"豁牙反叛者"自决权

西蒙：我不喝汤！

生孩子之前，作为一名特殊教育老师，我总是盯着学生的便当盒。当班上四分之三的学生在课间加餐时又拿出来抹了巧克力酱的白面包时，我觉得应该管管了。我与家长们进行了危机对话，开家长会时在黑板上整整齐齐地写上了希望他们给孩子带到学校吃的食物和不希望带到学校吃的食物。结果第二天还是有人带了布丁或零食，我也只能在内心里翻个白眼。

我的女儿卡洛塔上学的第一天，我在她的便当盒里装进了精心涂抹了鲜奶酪的全麦面包，以及几条柿子椒和几个核桃仁。当然，她什么也没吃。星期二，我尝试了杂粮面包和她最喜欢的香肠、胡萝卜块和一些葡萄干，也被她原样带回了。星期三，我已经有点儿慌了，我特意早早起床，把杂粮面包用曲奇模具切成形状有趣、一口一个的小点心，还削了一个"魔法苹果"，并给她装上了原味酸奶。在学校里酸奶盒破了，一个黏黏糊糊、满满当当的便当盒又回来了。星期四，我为自己当年因为便当盒事件对某些学生家长进行批判而悔恨交加，在内心里痛哭流涕地向他们道歉，并在吐司面包上涂了巧克力酱。我还放了一个希望不会挤漏的袋装果泥，还有一些咸味饼干棒。下午放学时，面包被带回来了，但至少果泥和咸味饼干棒不见了。我把这样的结果看作成功了。星期五，我摒弃了所有的惯例和疑虑，在她的书包里放了两袋果泥和一个装满膨化花生酥的便当盒。这个搭配被吃光了，哈哈！但是放学时，卡洛塔责备地问我，她的面包在哪里，她根本没吃饱！"为什么你会突然地怪笑？太尴尬了，妈妈！"

如大家所见，即使是育儿指南的作者也不是无所不能。现在我们总算找到了中庸之道。加餐的食物差不多健康就行，吃不吃都可以。我对此的态度比以前放松多了。三十二岁的伊曼努尔和九岁的儿子西蒙的例子可以表明，有时可能也会出现难办的情况。

西蒙简直把我逼疯了，他就是不吃饭，不吃任何健康的东西。他可以整天吃甜食，但是如果我端出一锅蔬菜汤，那就可悲了。他顶多喝两口就说饱了，要接着去玩。最近我受够了，我强迫他坐下来把汤喝完，我真没有别的办法了，结果他花了整整四十分钟边吃边哭，好像我想毒死他一样。对我来说真是难以忍受，我可不想再碰到这种情况。

其实，当时我已经意识到这不是一个好主意。但是我也不想屈服，因为我真的非常希望西蒙在饮食方面更健康一些。他平时只吃干面条、吐司和香肠。他甚至不往面条里加番茄酱，以前他还挺喜欢这么做的。如果我在吐司上抹了黄油，他就会说"恶心"，然后碰也不碰。我真的不知道他从哪儿获得热量，他根本就不吃正经的东西。无论我怎么努力，带到学校的加餐每天都会原封不动地带回来。他最多只吃草莓酸奶或零食，例如咸味饼干。我之所以给他带这些东西，是因为他别的什么都不吃。我精心地把苹果削皮、切片，结果他原封不动地给带回来了。我真的不知道该怎么办了。我知道不应该强迫孩子吃饭，但是如果他们自己只想吃甜食怎么办？这种情况，当父母的必须进行干预吧。

孩子会自取所需

八十年前，克拉拉·戴维斯做了一个实验。她给十五名年龄在六至十一个月之间、先前接受母乳喂养的孤儿，每天提供三十四种食物，她让孩子们完全自己组合饭菜。所有这些食物都没有加糖和盐，蔬菜是蒸熟的，没有任何加工过的产品（例如黄油、香肠或面包）。每餐十种食物的组合已经准备好了：苹果、菠萝、煮熟的小麦、燕麦、黑麦、玉米、西红柿、土豆、脑、骨髓、肾脏、切碎的鱼、鸡蛋、水、橙汁、牛奶等。孩子们只要指一下他们想要的食物，就会有人喂给他们。

这个实验最长进行了六年，并获得了以下结果，其中包括：

● 儿童的喜好差异很大，但平均而言，他们所摄入的碳水化合物、脂肪和蛋白质的比例大致相同。

● 儿童有时会以非常不同的方式组合食物，例如，有个孩子早餐通常喝半升橙汁，吃一块肝。

● 有周期性偏好：连续几天只吃一种食物（先吃几天香蕉，然后只吃碎肉）。

● 进餐量差异很大。

● 通常首选水果，谷物和蔬菜不那么受欢迎。几乎没有孩子吃生菜、菠菜或卷心菜。

● 随着时间的推移，几乎所有孩子都尝试了所有食物。只有两个孩子从未品尝过生菜，一个孩子从未尝试过菠菜。

● 没有孩子因进食而出现腹泻、呕吐或便秘。

● 所有儿童摄取的热量与其年龄组建议的热量大致相当。

● 发生感染时，孩子们改变了饮食习惯——食用了高于平均水平的胡萝卜、牛肉和萝卜。

● 一个孩子患有软骨病，人们为他提供了鱼肝油，他也食用了鱼肝油——但直到病愈为止，之后他再也没有碰过它。

令人惊讶的是，所有儿童都能健康成长（所有血液化验值均在正常范围内），并且没有营养不良症状。没有孩子太胖，也没有孩子过瘦。医生证明孩子的健康状况高于平均水平。这个实验表明，孩子们似乎凭直觉就知道什么对他们有好处，他们需要多少以及何时需要。大自然好像对儿童进行了"编程"，使其可以根据自己的需要量进食。如果我们提供丰富健康的食物供他们选择，儿童将遵循他们的天性，自动摄取他们所需的食物。

当然，只有在给他们提供天然、无添加的餐食时，才能真正完美地发挥作用。如果孩子在实验中得到了工业生产的甜食或方便食品，他们可能会更感兴趣，因为孩子的身体系统天生就被塑造成偏爱甜食和脂肪。但是大自然可没有料到，会出现低营养、高度加工的食物，这样的食物根本就不应该被大量食用。

即使孩子一段时间内偏食，通常也不会导致营养不良。几个星期只吃意大利面，或者果酱吐司，没问题吗？没问题！孩子们迟早会得到自己需要的东西。斯坦福大学的一项长期研究也证明了这一点。该研究跟踪了一百二十名儿童，时间从二年到十一年不等。参加实验的儿童约有 13％ 至 22％ 的人挑食。父母报告说，他们的孩子饭量很小，让他们尝试新的食物，或者得不到爱吃的东西时，他们就大发脾气。有的孩子则只会吃以特定的方式烹调的食物。总之，这些父母很担心孩子的饮食健康，吃饭时经常发生争吵。然而，这项研究发现，吃饭好的孩子和吃饭差的孩子之间没有明显的健康差异。吃饭差的孩子的身体和心理，跟吃饭好的孩子一样健康成长。只是他们的体重更轻，因为摄入的热量更少。研究人员还得出结论，饮食行为在很大程度上与性格有关。

大自然的保护措施

我们已经提到过，儿童喜欢吃甜食是由生物进化所决定的。甜甜的母乳从小就给孩子留下深刻的印象。过去，只有成熟的水果才是甜的，这些是具有高维生素含量、高能量密度的特别有价值的食物。由于水果只在特定的时间内能得到，而且非常健康，因此尽可能多地食用水果是很重要的，所以人本质上都喜欢甜食。另外，自然界中几乎没有任何东西是既甜又有毒的，而酸味和辣味往往意味着"这种食物可能有毒"。

刚开始添加辅食时，大多数孩子还很喜欢尝试我们提供的各种食物。石器时代已经是这种情况：通常是孩子还留在父母身边时，就开始让孩子尝试各种食物。婴幼儿时期一过，情况就发生了变化。在石器时代，孩子会混进一群年龄大小不等的孩子中，所以他们经常得自己照顾自己。为了保护孩子，必须有一种天然的机制来使他们免受毒害。所以在这个年龄段，孩子对新的、以前未知的食物的兴趣大大减少。直到八到十二岁左右，孩子才会重新变得喜欢尝试，逐渐开始品尝那些曾被他们拒绝的食物。

孩子需要的东西经常比我们想象的少

父母常常高估了孩子真正需要的食物量。有时，做营养记录会有帮助，然后有些人才认识到，他们以为饮食不佳的孩子已经零零碎碎地填进肚子里不少东西。根据德国营养学会的平均能量摄入标准，四至七岁的儿童每天应摄入 1300 至 1800 卡路里的热量，具体取决于他们的性别和身体运动的水平。七到十岁的孩子每天需要 1500 至 2100 卡路里的热量。

一杯脂肪含量为 3.5％的牛奶含有的热量是 128 卡路里；一杯苹果汁的热量约是 100 卡路里；一颗小熊橡皮糖大约有 7 卡路里热量；巧克力奶糕或一条儿童巧克力棒的热量大约有 120 卡路里，一颗中等大小的苹果热量大约有 85 卡路里。吃一些小零食，孩子们便可以迅速满足自然的热量需求——如果他们继续吃东西，因为大人坚持让他们吃"真正的"东西，那他们吃的东西就超出了他们的需要。如果这种情况经常发生，他们的体重就会增加。请注意，他们不是因为吃甜食而发胖，而是因为摄入的热量多于消耗的。仅从理论上讲，一个人可以只吃甜食——只要摄入的热量在所需热量范围内，就不会增加体重。当然，维生素、蛋白质、矿物质、微量元素等会缺失，因此，不建议以这种方式吃东西，当然，对吃甜食也不用那么害怕。

生长曲线是评估孩子是否真的吃得太少的好方法。只要孩子沿着他们的生长曲线发展，就无须担心。即使孩子发育滞后一点儿，也不一定是出于让人忧虑的原因。但是，出现这种情况，还是建议去看儿科医生。

吃饭成了权力斗争

有时候我的孩子会在别人家里待上一天，事后我经常从大人那里得到反馈，说他们饭吃得"很好"。"她吃了足够的午餐，但是后来她只想喝水，什么也不想吃了，尽管我几次给她吃的东西。她是不是要生病了？"听到这样的话，一开始我有些迷惑，因为我做梦都不会想到去追问他们，我的女儿是不是吃饱喝足了。但这不是个案，幼儿园老师、保姆和爷爷奶奶们都非常重视向我汇报孩子的饮食情况，因此我得出的结论是，这很可能是被社会视为正常的一种互动。相反，我似乎才是那个表现异常的人。这让我好奇到底是什么原因。

答案是：责任。虽然我认为孩子有责任确保自己不饿不渴，但许多成年人却认为他们有责任确保孩子吃得饱。"多喝点儿水，否则你又会头疼。""再吃点儿饭，然后再吃甜点。""你不可能吃饱了，你还几乎什么都没吃呢！""只吃面条？那能好吃吗？至少加一小勺酱汁，否则面条不会乖乖地滑入你的肚子里。"这些话孩子们经常听到，这表明成年人在吃的方面承担责任。

这种责任划分常常引起权力斗争。挑食的孩子很快就会发现，他们拒绝进食时，大人会不高兴。希望孩子吃饱吃好的愿望根深蒂固，我们成年人很难掩饰自己的担忧——从西蒙和他爸爸的身上也可以看出这一点。提供食物是抚养孩子的基本任务之一。几千年来，这都是一项艰巨的任务——食物以前总是很稀缺。冰箱、超市和进口芒果是最近才出现的。尼安德特人每天的大部分时间都花在寻找浆果、根茎和猎杀动物上，但今天，我们只需要花几分钟和几块钱就能得到营养丰富的一餐。

如果我们的孩子——不管出于何种原因——想要惹恼我们，他们可能会拒绝进食。这种做法当然不是很友好，但是很有效。因为如果成年人确信，他们有责任确保孩子吃饱，那么此时他们会施加更大的压力，更努力地给予照顾。如果孩子生大人的气，他们反过来会增加反抗力，并继续拒绝成年人认为好的食物。这样双方将陷入典型的权力斗争。

反过来，如果大人认为，食物摄入量多少是孩子自己的责任，那在这一点上就没有权力斗争的导火索。当然，父母也有责任确保家里有健康的食物，也就是说，你们要负责购物和烹饪。家长还有责任确保孩子有足够的时间，有一个干净的地方坐下来放松地吃饭。但是孩子是否接受这些，则完全由他们自己而定。如果他们确实不饿，或是气得吃不下饭，那就这样吧。他们知道自己在做什么。根本不需要在吃喝方面进行权力斗争。

与挑食的孩子打交道的技巧和窍门

通过一些小技巧，家长和挑食的孩子的日常生活可以变得更加轻松。

放松

请大家放松心情。不要因食物而陷入权力斗争。不良的饮食行为是一种正常的、具有进化意义的机制，无须担心。有些孩子挑食，有些则不挑食，就像有一些孩子性格外向，而有一些孩子性格内向。我们并不想隐瞒，挑食有可能引起病理变化并演变成厌食症，但是这种情况很少发生并且有很多原因。

不要强迫

这本来是不言而喻的，但是为了完整起见，我们再说一遍：饮食应该永远是自愿的。我们决定给孩子做什么饭，而孩子自己决定要吃多少。切勿将食物当作威胁或奖励，因为这可能引发厌食症或肥胖症。

反复提供新的东西

如前所述，我们不喜欢新事物，这是天生的，所以在食物方面，也很少有孩子渴望尝新。研究表明，必须连续十天提供某种新的食物，孩子才会去品尝。因此，家长不应该放弃，只要继续提供新食物，不要施加压力。儿童经常会模仿榜样，大人可以利用这一点。研究表明，如果家长吃某一种新食物，儿童尝试的概率会提高两倍。

不要专门为孩子做饭

如果家里有挑食的孩子，经常造成的结果是，大人突然开始专门为孩子做饭，也就是说只做受孩子欢迎的菜。但是根据我自己的经验，这种方法并不见得可行。这限制了孩子们吃一些健康的、家长喜欢吃的东西。如果无论家长提供什么食物，孩子都不满意，那家长完全可以多为自己考虑一些。

分成小份

尤其是吃饭不好的孩子，看到大份的饭菜就会发怵，因此最好先来一小份。如果孩子没吃饱，觉得味道还不错，肯定会要求再加一些。如果孩子不要求再来点儿，那可能就足够了，孩子最清楚自己身体的情况。

眼睛也有食欲

对于儿童尤其如此——有些孩子反感某些特殊的东西。一方面，当某种东西看起来很怪异时，有些孩子会完全失去食欲；另一方面，对餐食进行创造性的造型或设计，会鼓励儿童尝试去吃。比如在我们家，天知道为什么，我的孩子很喜欢吃"饼干面包片"（用饼干模具把面包压出造型），而普通的面包却遭到怨声载道的拒绝。我的儿子约舒阿喜欢"有技术含量的"食物，比如他认为从红色蜡壳中取出来的奶酪很棒，普通的奶酪很愚蠢。吃苹果很无聊，除非他可以将它们切成薄片，并用压蒜器挤压，然后从另一侧舔着果泥吃。这又有何不可呢？吃应该很有趣才对。

将原味酸奶、水果和面包作为备选

为了避免权力斗争，如果孩子完全不喜欢桌子上的饭菜，他们应该有健康的备选项。可以是抹黄油的（全麦）面包、水果或类似的东西。我的女儿们经常选择原味酸奶加水果干，我觉得那些东西吃不饱，但对于她们来说好像足够了。

成分分离

有些孩子一点儿都不喜欢食物"掺和"在一起。因此要应付这样的孩子，就要将食物的成分清清楚楚地分开，这么做绝对值得。因为对于某些孩子来说，只要豌豆碰到肉，整顿饭就毁了。最好的方法是给他一个专门的盘子，这样孩子可以选择将哪些东西混合，哪些东西原封不动。

我们以前在晚餐喝汤的时候特别麻烦：一个孩子只喜欢往汤里加面条，不加蔬菜或肉；另一个孩子不想要面条，但一定要加肉。第三个孩子要加面条和蔬菜，但一丁点儿肉都不能有。因为我厌倦了在盛汤时必须小心别盛进去胡萝卜或肉，所以我"发明"了自助汤。我用一只鸡煮汤，然后取出，把肉拆开。再煮意大利面，然后将蔬菜蒸熟。我将各种食材漂漂亮亮地摆在桌子上，每个人都自取想要的东西，放进鸡汤里。后来我看到因为博客"四加一"而出名的卡斯帕·米劳也采取了类似的做法。他们家是自助土豆沙拉。同样，所有食材都放在桌子上的小碗里，每个家庭成员都可以按照自己的方式制作沙拉。当然，可以将这种方法扩展到其他菜式。按照卡斯帕·米劳的说法，关键的作料是"自己动手"。

让孩子参与

当孩子们有机会自己准备食物时，他们至少会尝一口。这个办法并不是在每个孩子身上都能起作用——我的女儿卡洛塔喜欢为我们做各种各样的菜，但她自己只吃其中很少的几样，但是当我和孩子们一起做饭，一起切蔬菜、和面或做比萨时——据我观察——总有一些东西没有太多犹豫就被她放进了嘴里。

玛丽：不招人喜欢的朋友

当自己的孩子受委屈时，大概没有父母会袖手旁观。尤其那些看起来只是单向的关系或欺压对方的所谓"友谊"，会强烈激发我们的保护本能。我们既不希望自己的孩子不必要地伤心，也不想让他们内化这样的观点——友谊和关系总是与勒索和行使权力并存。因此，我们常常看到家长不时地干预自己孩子的友谊。我们要保护自己的孩子。遗憾的是，孩子很少对我们的善意干预做出积极的回应。大多数情况下，他们会很不耐烦，只会更加靠近我们想要让他们远离的孩子。

我们的孩子又是对的！因为是他们与朋友有关系，他们应该为这种关系的成败承担责任。四十七岁的西蒙妮和她九岁的女儿玛丽的例子也表明了这一点。

我女儿玛丽最好的朋友有点儿问题，她的名字叫塔玛拉。她俩三年来一直是非常亲密的朋友，从入学就建立了友谊。她俩每天黏在一起，在学校里挨着坐，想要穿同样的衣服，下午参加相同的兴趣班，并定期在对方家里过夜。最近，我和班主任进行了交谈，她提醒我注意一些我以前只是在不知不觉中意识到的事情。她说玛丽找到这样亲密的朋友当然很好，但是她注意到我的女儿常常不得不忍受这种友谊。

比如，塔玛拉"勒索"她，说如果玛丽不按照她的意愿去做，就不再是她的朋友，或者就不能参加她的生日派对。相反，塔玛拉自己却完全随心所欲。最近，她带了两个棒棒糖，一个草莓味，一个可乐味。塔玛拉问我女儿想要哪一个。由于玛丽不喜欢可乐，她想要红色的。她所谓的"朋友"说，不行，就自己把红色的拿走，然后给了玛丽棕色的。我的意思是，当然她有权先选，但是她为什么还要问？她干脆别问，自己决定不就行了。但是她经常做类似的事情，有时她的妈妈希尔克可能会无意间助长她这么做。比如，如果我们一起去吃冰激凌，我告诉玛丽，一个绝对够了，我不会再给她买第二个冰激凌，那么塔玛拉转身就会向她妈妈要第二个冰激凌。由于这个孩子在任何情况下都可以对妈妈任意摆布，所以她肯定会如愿以偿。然后，她炫耀地将第二个冰激凌放在我女儿的鼻子前面，让玛丽觉得我是世界上最愚蠢的妈妈。这时希尔克会掏出钱包，要给玛丽再买一个冰激凌。天啊，我真不知道怎么办才好。

最近还有一次，我们一起去看音乐剧。票很贵，但是演出真的很棒。幕间休息时，我感觉好像所有的孩子都买来了一种闪闪发光的荧光棒。真的是便宜破烂货，竟然还卖十欧元。我告诉玛丽，我不会买。这种东西第二天就坏了，或者电池没电了。塔玛拉当然拿到了荧光棒，而且在我女儿面前扭来扭去地摆姿势，并展示了这东西有多少种发光模式。快闪、慢闪、彩虹闪，只有粉红色、只有金色……玛丽开始哭泣。我将她抱在怀里，安慰她，但同时又再次解释了我的理由。希尔克听到我对女儿说的话，可还是去买了一个给了玛丽。真是气死我了！她绝对是好意，但我当时真想掐住她的喉咙。因为她这样做，塔玛拉的不友好行为没有得到纠正，而我也觉得自己像个白痴。

另外，这个孩子对我也很放肆。好吧，她当然不能以友情向我勒索，但是，如果我希望女孩们在花园里玩耍，这样我可以安心做饭，那塔玛拉肯定会诱导我女儿在家里玩，最好是烤松饼或其他东西，这样我打算做的事情就做不成了。我在他们家和希尔克一起喝咖啡时，塔玛拉总是把豚鼠从笼子里放出来，尽管她知道我非常害怕小动物，而且她妈妈已经多次跟她说过，我在的时候不要这样做，但塔玛拉总是以"忘记了"为借口，故意把动物放出来跑来跑去，让我恶心。

我开始尝试让玛丽远离塔玛拉，并邀请班上的其他孩子来家里玩。但可惜的是，她的心依恋着她。我还感到，玛丽没有像我那样看待塔玛拉那些让人讨厌的行为。当她只能吃不喜欢的棒棒糖时，她会难过；当玛丽在学校里"做了错事"，塔玛拉就明目张胆地跟其他女孩好，玛丽这时会像可怜的小狗一样痛苦不堪，但她并不觉得她的忧伤源自这个女孩，而总是为塔玛拉的行为找借口。她也会生我的气，即使我真的与她们的事毫无关系。我想以某种方式结束这种情感上的依赖，我认为那是不健康的。班主任肯定也是这么认为的，否则她就不会跟我说了。

让我们仔细看看这个情况。玛丽和塔玛拉是最好的朋友，所以她们俩之间有关系。玛丽的妈妈西蒙妮与塔玛拉的妈妈希尔克也有关系：她们有不是很密切的家长关系，会时不时一起喝咖啡。此外，西蒙妮和塔玛拉也有关系，她是塔玛拉最好朋友的妈妈，因此会经常和她在一起。每一层关系的责任都在关系中的人身上，跟其他人无关。

西蒙妮和塔玛拉

如果塔玛拉一次又一次地对西蒙妮采取不友好的行动，比如把豚鼠从笼子里放出来，而西蒙妮已经告诉过她，她害怕豚鼠，那么西蒙妮必须清楚地告诉女孩她的界限在哪里。别的人都无法这么做，因为这只是她们两个人之间的关系。塔玛拉的妈妈可以通过教育女儿来干预这种情况，但是她的意见不会像西蒙妮的那样重要。因此，下一次西蒙妮应该清楚地问塔玛拉，她的目的是什么："我告诉过你，我怕豚鼠。我跟你说过，我来时请把它们关进笼子里。现在你把它们放出来了，我认为这很不友好，甚至可以说很放肆。我觉得你是故意气我。我不想责骂你，也不希望你妈妈责骂你。但是你对待我的方式我很不满意。你能告诉我，我应该怎么做吗？我现在能想到的唯一解决方案是回家，因为我不想胆战心惊地坐在你们家的沙发上。这就是你想达到的目的吗？"

面对挑衅，直截了当的讨论通常有助于解决问题，并且让孩子直接面对自己行为的结果。因为——不管这听起来有多奇怪——孩子还没有在大脑中存储类似的参考情况，因此他们实际上不清楚自己的行为在其他人身上会触发何种感受。比如，我的女儿海伦娜在六岁的时候把打击乐课搞砸了，因为她上课前对一件小事还窝着火。打击乐老师花了十分钟努力让她高兴起来，使她有兴趣演奏，可是没有用，海伦娜根本不理他。后来我跟她进行了一场非常认真的谈话——我对她的不友好态度感到非常生气——我惊讶地发现，她并不清楚这种情况对打击乐老师来说有多难堪。她没有意识到，尽管他喜欢给他们上课，但是当一个孩子故意捣乱不配合时，这种喜悦就消失了。她没有意识到，他对她有多照顾，多么努力地想让她打起精神。他平时上课很有耐心，这次却生气地把课停了。当我们谈起这件事时，她才意识到她的举止在我们成年人眼中是多么过分和不可理喻。她真是吓了一跳。

如果西蒙妮与女儿的朋友直接对话，她就会搞清楚，塔玛拉把豚鼠放出来，是想把她赶走，还是根本没有考虑到行为的后果。也许塔玛拉只是觉得一个成年人害怕豚鼠很有趣。她可能以前从未有过吓唬大人的本事，现在想享受她的行为带来的出乎意料的效果。当然，这并不能使整个事情变得更好，它只是使人更容易理解塔玛拉为什么这样做。大概在她的前额叶皮层中没有存储类似的情况，因此她无法调出任何社会交往或道德方面的参照点。换句话说，她只是觉得自己威力无比，不能真正体会到自己的行为给别人造成的感受。因此，西蒙妮与孩子坦诚交谈非常重要。由于这是她们之间的关系，她应该去说把豚鼠放出来对她有什么影响——这让她很生气，她想离开，因为她有一种感觉，塔玛拉好像不欢迎她。大人这种实话实说的反馈，孩子是可以接受的。这些来自周围人的反应将被存储起来，以后再发生类似情况时，成为行为的参照。

西蒙妮和希尔克

如果塔玛拉的妈妈希尔克做的事情违背了西蒙妮的意愿，例如买荧光棒或第二个冰激凌，那么西蒙妮也必须明确地告诉希尔克她自己的界限在哪里，只有她自己可以做到，其他人都不行，因为她是这个关系的一方。毫无疑问，希尔克的举止真的让人很不舒服。因此，西蒙妮应该承担起对这种关系的责任，要明确地说："你听着，希尔克，当时我不想给玛丽买那个东西，结果你给她买了，我说的话就不算话了。我不喜欢你这么干，别再这样了！这真的让我很生气。在这种情况下，我有充分的理由对我的女儿说不，要承受她的愤怒或悲伤对我来说也不是那么难。她会因为我不给她买荧光棒而感到伤心和愤怒。我可以陪伴她经历这些情绪，但我说的不就是不。如果你现在给她买了，不仅会破坏我的权威，还会阻止她学习忍受挫折。这一点我真的不能容忍。因此，如果我对女儿说不，请照做，好吗？"因为原则上，希尔克忽略了西蒙妮的需求，就像塔玛拉忽略了玛丽的一样。西蒙妮担心女儿的是，玛丽不会为自己的需求拍案而起，就我们从这个小例子来看，她自己也没有这么做。

塔玛拉和玛丽

西蒙妮可以对她与塔玛拉和希尔克的关系施加影响，因为她身在其中。但是西蒙妮的女儿玛丽和塔玛拉之间的友谊，是她们之间的关系，当一方越界时，另一方必须给她指出自己的界限。如果玛丽不反击，那她估计是觉得塔玛拉的举止并不像她妈妈想的那样糟糕。实际上，儿童通常比成年人对其他儿童的行为更温和。也许他们有天生的本能，能认识到其他孩子仍然像他们一样处于学习的过程中，因此对社交场合的过错的容忍度更高。也许他们只是比我们成年人更无条件地去爱——他们也用这种爱心看待我们和我们的错误，为什么不能这样对待他们的朋友呢？

五到十岁之间是学习社交关系的年龄。与生命的第一年中的运动发展，以及在一到五岁之间了解并控制自己的情绪一样，我们成年人应该支持并提供建议，但不要干预。如果他们被激怒，我们可以与他们讨论，他们可以如何有趣或很酷地回应对方。当朋友关系带来痛苦时，我们可以给他们帮助，并安慰他们。但是，我们不应该替他们去摆脱这种友谊，甚至不必去断绝关系。因为成年后重要的事情通常都是在童年时期得到练习的：认识到一段关系对我不利，不怕冲突，开口表达自己的需求，找到解决冲突的方法，权衡双方的需求并达成妥协。因此，当像玛丽这样的孩子对一个可能不好的朋友产生了感情依赖，我们不应该从外部终止这段友谊，替她承担责任。这对我们的孩子没有任何帮助，只会给他带来痛苦。如果我们希望，当我们再也无法影响他们交友时，他们会自觉地摆脱有害的关系，那我们必须给他们机会，让他们在童年时代就能认识并说明自己的界限。我们尽可以相信我们多年对孩子进行的情感教育会有成果。因为只要我们没有教给他们，"如果你不这样做，就不再是我的朋友"这样的情感勒索不是爱，他们也不会在交友中认识到这是不对的。他们可能要花一些时间才能得出结论，也许他们只是想有意识地学习与难以相处的人打交道。无论他们的动机如何，我们都应该与他们站在一起，支持他们，而不是替他们完成学习过程。让我们相信孩子的判断——如果他们喜欢另一个孩子并喜欢与他在一起，那么这个孩子肯定有什么可爱的地方。

父母什么时候应该干预？

在三种情况下，我们作为父母可以出头露面，以支持性的方式进行干预：

- 如果朋友不明白，自己是在惹别人生气，或以他人为代价开玩笑；
- 如果朋友故意激怒别人或打人；
- 当朋友真的做坏事的时候。

当朋友不明白，他们在激怒别人时

作为一名特殊教育老师，我经常观察到，孩子们在学校玩的某些游戏本来很有趣，但是往往会有一个受害者付出代价。比如，将一个孩子的帽子从头上揪下来，然后在其他孩子之间扔来扔去，使帽子的主人拿不到它。这个孩子当然很绝望，有时帽子还会被藏在什么角落里或扔到大树上。偷偷地在别的孩子背上贴纸条也属于此类游戏。这些游戏背后的含义是，在一个集体里感觉自己很强大，并享受单个他人的愤怒或绝望。尤其是在十岁左右的男孩中，我一次又一次地注意到，即使是密友之间也会互称"你是受害者"，或者当某人做了一些所谓的"软"或友好的事情时（例如替老师开门），彼此之间也会互相嘲笑。我将这种情况视为第一个警告。大多数孩子（还）不知道他们实际在做什么。如果我以老师的身份进行干预并跟相关同学一起评价这种情况，他们常常会惊讶地对我说："不就是开个玩笑吗？"那不是玩笑，也不是无害的。让别人痛苦和难受的事情怎么会是游戏呢？不可能是。不能这样对待朋友。

如果你们的孩子在学校里受到此类游戏的影响，那么建议你们与相关的孩子聊聊，因为这对于孩子来说还太难。你们不应该责骂干坏事的人，也不应该用惩罚来威胁他们。首先，你们应该举一个例子，跟孩子们说明，他们不知道自己在做什么。然后，你们应该告诉他们，使别的孩子感到难过的游戏不是真正的游戏，因此是不该玩的。你们跟他们谈一谈权力和滥用权力——孩子的年龄足以理解这些。另外，还要谈论一个事实，那就是成年人经常滥用权力来对付儿童，这同样是错误的。如果这还不够，我们再来谈第二点。

当朋友故意激怒别人或进行人身攻击时

毋庸讳言，哪里都有让人不舒服的孩子——那些故意惹人生气，把别的孩子弄哭就咧嘴笑的孩子，那些专门寻找受害者并惹恼他们的孩子……如果这样的孩子盯上了我们的孩子，还不断欺负他们，作为家长肯定会怒火中烧。

问题是，以亲子关系和需求为导向的育儿方式并不仅限于自己的孩子。只小心呵护自己的孩子，使用非暴力的交流方式，并充满爱心地寻找其行为背后的原因，而对其他孩子却张牙舞爪，的确有些荒唐。在幼儿园、学校和俱乐部中，在那些令人讨厌的、暴虐的或故意惹人生气的孩子的可恶行为背后，肯定也有原因。而且，由于他们在核心家庭之外发泄情绪，因此可以合理地假设，他们的父母目前没有足够的能力或知识来应对这种情况。在"彼得：挑衅者"一节中，我们将详细介绍，在大多数时候，事态是如何螺旋式升级发展的。因此，从令人讨厌的孩子的父母那里，我们别指望得到很大的帮助。我们保护自己的孩子的最好机会，是了解攻击者的问题并帮助解决它。这可能听起来有点儿天真，但相信我们，这是可持续地解决问题的最佳方式。

我的女儿们就曾经在很长一段时间里受到一个男孩的欺负。芬恩在幼儿园的另一个班，我们每天下午都能在游乐场上见到他。所有人都知道他是个"浑蛋"。老实说，我不喜欢这个词，但芬恩也让我觉得很烦。如果某个地方有孩子哭了，你不用多看，他肯定就在旁边，而且就是导致那个孩子哭的原因。

他用树枝戳过卡洛塔好几次，有一次甚至戳到她的脸上，差点儿戳到眼睛。另外一次，海伦娜爬上攀爬架的梯子，芬恩从她旁边挤过去，超过她，然后边爬边低头看她，故意踩在她抓住横木的手上。难以置信吧？从那时起，我就一直盯着他，只要他一靠近我的女儿，我就保护性地站在她们面前。我也观察其他孩子对他有何反应。不管他走到哪儿，正在说话的孩子都会闭口不言。勇敢点儿的孩子会拦在他面前，在他做任何事之前就对他说："走开，否则我就去报告！"没人愿意和他一起玩。这是对他的行为的公正惩罚吗？孩子们的反馈意见有时候很直接。这种社会性排斥使我作为一名特殊教育老师感到担心。我从经验中知道，如果孩子陷入这种"激怒—被拒绝—激怒"的恶性循环时，反社会行为会迅速固化。总有一天孩子会认为自己是"坏孩子"，是"必须受到惩罚的"，并且无法激活其自身现有的社会合作资源。

我当然知道，他用这种很明显的卑鄙行为是想说："我不舒服。有没有人想看看我行为背后的原因，倾听我的心声？"但是由于我在游乐场上是母亲，而不是特殊教育老师，所以我很长时间都没有听到他"浑蛋行为"背后的求助声音。我只是对芬恩感到生气，因为他，我无法放松地坐在游乐场的长椅上休息，这让我感到恼火。不过，我也知道，我不能对他撒手不管。如果我想帮助我的女儿，我就必须帮助他。我继续关注他，但这次是要找出，他到底需要我们提供什么东西，而不是阻止他激怒我们。我看到他的妈妈（非常友好）六个月前生下了另一个宝宝，所以没有时间陪他。他和他的双胞胎妹妹是家里最大的孩子，经常不得不自己解决一些问题，因为还有一个两岁半的弟弟，妈妈还需要照顾他。我看到他的许多行为以争端告终，实际上是尝试交流的失败。尽管他已经五岁了，话说得已经很好了，可他想踢球时，并不能以一种群体可以接受的方式表达出来。

因此，芬恩的问题是，一方面由于婴儿的原因，父母对他的关注太少了；另一方面，他无法与其他孩子建立联系。我谨慎地跟他的妈妈攀谈起来——我总是觉得这很难，因为孩子的父母会觉得我很唐突，而我也不想好为人师。但是她很开放，很高兴听到我给她解决问题的建议。她感到芬恩在情感上远离她已经有一阵子了，她觉得自己对他失去了影响力。我们约定，她在情况允许的情况下尽可能多地单独和他在一起，并努力做到不管他做什么都不要骂他。相反，她应该抓住他"好的地方"，对他与其他人所有成功的互动都报以友好的点头或微笑。

而我则寻找机会在游乐场上和他搭话，并邀请他参加我们的游戏。最初的交流很简短，但很快他在我们的面前放松了。事实证明，他并不只擅长耍横斗狠。他非常耐心地教我的女儿们打乒乓球，或者玩"巫婆，巫婆，钻桌子"的游戏。他还擅长在茂密的灌木丛中找到蜗牛。他慷慨地把最小的蜗牛送给了卡洛塔和海伦娜，并用树叶给蜗牛宝宝做了一个小小的居住空间。他教她们如何勇敢地爬上最高的树，以及如何使用儿童小刀雕刻出真正的印第安弓。游乐场上的其他孩子注意到，他不像以前那么闹了，对他也就不再立即拒而远之。他们允许他和他们站在一起，甚至不时邀请他一起玩。他擅长踢足球，并很快成为抢手的射手。在幼儿园的最后一年，他被任命为班长——孩子们把他选上了这个职位。没人再怕他了。他六岁生日时邀请我的女儿们参加聚会。有十个孩子在场——都是他的朋友。

这样的180度大转弯并不是罕见的世界奇迹。实际上，大多数"欺凌者"和"浑蛋"并不需要太多关注，就可以再次被社会接受。但是，我们的社会对他们的不当行为经常做出不利的反应，使问题更加严重。压力、惩罚、社交排斥和坏孩子的标签，并不能帮助孩子解决最根本的问题，只是治标不治本。如果一个孩子在游乐场上总是用棍子戳人，你当然可以离开游乐场以示对他的惩罚。但是，只要不解决戳人背后的问题，孩子就会继续使用这种策略来引起别人对他需求的关注。如果问题得以解决，那么异常的行为将自动消失。因此，如果你们想知道怎么对付在学校里一直欺负你们孩子的"浑蛋"，我们的回答是：以需求为导向！看看那个奇怪行为的背后是什么，找出孩子真正需要的东西，然后尝试给予他这些东西。

这当然不是最简单的方法，它要求大人给予更多的关切、更多的注意和原谅，而不只是因为自己的孩子受到伤害而生气。这可能超出你们当前的能力——没关系，不是每个人随时都能做到这一点，包括我们在内。但是请记住，如果那个校园里人见人躲的是你们的孩子，你们作为父母要解决这个难

143

题，你们会想要什么？希望其他父母谴责并责骂自己的孩子吗？还是希望外面有人倾听他的声音，敞开心扉，为他提供你们目前无力做的事情？我们希望社会能回到从前，回到整个村子的人都会出面教育孩子的时代；但这一次是一种以需求为导向的、呵护的方式。如果有足够的力量和资源的妈妈们，能以充满爱心和理解力的方式去对待陌生的游乐场"小恶霸"或学校"小混混"，而不是怀有敌意地拒绝他们，那将使我们所有人感到轻松。如果我们自己的孩子能从我们这里学到，从令人讨厌的行为背后寻找原因，认识到他人的真正需求，那将多么令人欣慰。说不定他们将赢得一生的朋友。

当朋友真的干坏事

吸烟、酗酒、服用毒品、在轻轨车顶冲浪、入室盗窃、小偷小摸、毁坏物品……我们不希望自己的孩子被牵扯进去的事情数不胜数。我们当然要保护孩子，远离这些东西。

但是，由我们来干预，使他们远离朋友的不良影响，是行不通的。关系仍然是他们之间的关系，我们不应干涉。但是，当我们看到自己的孩子被他人引入歧途时，我们当然不应该保持沉默。保持关系、信任孩子并与他们交谈，将对我们有所帮助。我们应该坚信，我们与孩子的关系是可持续的，并且在过去的五到十年中，我们给了他们很多根本上积极的东西，他们不可能走上邪路。因为一个人只有在生活中的基本需求没有全部得到满足时，成瘾行为才会出现，他才会遵循无效或看似有效的策略。简单地说，一个因为孤独而喝酒的人可能会因为醉酒而忘记寂寞，但是他并没有真正满足自己的需要。成瘾主要不是由于有上瘾的物质，而是因为人试图通过无效的策略来满足他的基本需求。

心理学家布鲁斯·亚历山大曾进行了一次很有启发性的实验，引发了广泛讨论。在那之前，大家从来没有探寻过吸毒背后的原因。在这之前的实验中，老鼠可以选择混合了毒品的水和普通自来水。老鼠选择毒品水的频率明显更高，直到它们死亡。科学家就得出结论：毒品的成瘾性是无法抵御的。布鲁斯·亚历山大怀疑这一实验设置的正确性，并对其进行了修改。他将新生的老鼠分为四组：一组放在正常实验室的笼中，生活二十二至八十天；一组被放在大型老鼠乐园中度过同样长的时间；第三组在老鼠乐园中生活六十五天，然后被转移到实验室笼中；另一组则在实验室笼中生活六十五天，然后被转移到老鼠乐园。老鼠乐园是一个——对于老鼠来说——十分美丽的地方，种有植物，有大片的活动区域以及潜在的伴侣、玩具和食物，面积大约是标准实验室笼子的两百倍。在所有四种情况下，他都提供普通的自来水和混合了毒品的水。

结果是笼子里生活的老鼠主要喝毒品水，就像之前的实验一样。而来自老鼠乐园的老鼠显然更喜欢无毒品的自来水，尽管它们也时不时地品尝一下毒品水。最有趣的是那群先生活在实验室的笼子里，然后被放到老鼠乐园里的老鼠：它们只喝没有毒品的水。甚至在进一步的实验中，在实验室笼子中只得到毒品水的老鼠（无法选择饮用自来水），在老鼠乐园也选择了自来水。它们表现出轻微的戒断症状，但没有重新服用毒品的冲动。根据实验的结果，亚历山大得出的结论是，毒品本身并不会使人上瘾，只有在缺乏令人愉快的生活环境、缺乏激发性的活动和社会关系的时候，也就是说，当基本需求得不到满足时，毒品才会致人上瘾。

在儿童身上我们可以看到相同的机制。如果满足了他们的所有基本需求，通常不用担心他们会走上邪路。他们能够抵御毒品的诱惑——即使他们正在与自残的孩子打交道——因为他们与家庭这个群体紧密相连，并在这里体验到欣赏和爱。因此，我们不应该提出这样的问题："如何让我的孩子远离危险的朋友和可能上瘾的东西？"而应该问："可能是我的孩子的基本需求没有得到满足，如果是这样，那该怎么办？怎样改变这种情况？"

但是，即使我们竭尽所能保护他们免入歧途，也不意味着我们看到他们的朋友陷入困境时不需要提醒他们。谈话是我们与孩子保持联系的主要方式。当然，我们必须解释清楚，为什么看到他们的朋友在超市偷东西或抽烟厉害得像烟囱一样，我们会觉得很不舒服。本书最后一章"格利特：积极聆听会产生亲密感"中介绍了如何用以亲子关系为导向的方式与孩子讨论类似的问题。即使这样，结束一段友谊的决定仍然应该由孩子来做，我们应该信任他能做出正确的决定。但是，如果可以预见，没有父母的干预，孩子就会坠入深渊，父母就需要使出最后一招"保护性运用权力"。这样就可以将他们与朋友的不良影响分开，不再让他们一起玩，毕竟身心健康至上。

曼努埃尔：手机可以玩多久？

数字媒体以及儿童似乎过度使用数字媒体这一话题，牵动着许多父母的心。这是可以理解的，毕竟我们经常读到有人网络成瘾或由于沉迷第一人称射击游戏而滥杀无辜的消息。一谈到电子产品对十岁的儿子曼努埃尔的强烈吸引，四十四岁的卡琳无法掩饰自己的不快。

曼努埃尔最近变得非常固执，我感到他快失控了。实际上，我并不是放纵型的，对他还是比较严格的。他很清楚自己能做什么和不能做什么。但是几个星期以来，他一直在试图绕过这些规则。比如，他被允许每天玩半个小时平板电脑。最近他早上上学前真的把我骗了。他偷偷把平板电脑拿到了浴室。他告诉我说他想把门锁起来，因为如果我看到他的裸体，他会感到尴尬。我马上接受了。但是上学时间快到了，我想知道他为什么在浴室里待了那么久，这时我才发现他一直在玩平板电脑！他没有穿衣服，也没有刷牙！我像个傻瓜一样被他骗了。

总的来说，他跟手机和游戏手柄的关系令人担忧。我慢慢地都有点儿害怕了，他好像根本不想玩其他玩具了，总是不停地问他可以玩游戏吗。如果我不允许他玩，他就会抱怨说，其他玩具太无聊。他真的可以在游戏机上玩赛车玩几个小时，这种耐力他在现实生活或学校中可没有过。做数学作业遇到难题，他马上就投降，可是要征服一段特别难的赛道，他却突然雄心勃勃。最糟糕的是：一旦我告诉他要停止游戏，他火气非常大。当我坚持我的原则时，他根本不想听，还骂骂咧咧的，有几次他甚至还想打我！

手机也好不到哪儿去。我们给了他一台旧智能手机，让他出门的时候用。结果，他现在连在家的时候也不停地看手机，一直在和他的朋友聊天，几乎不跟我们说话了。也难怪，他的手机每十秒钟就会亮一次，因为他的一个朋友又发了一些东西，所以他根本不能专心与我们交谈。我真想把他的手机收回。但是我又想，有了手机，他出门的时候如果有什么事情，就可以给我们打个电话，比如他要晚回来，或者突然想去找他的朋友时，实际上他需要一部手机。

曼努埃尔在手机和电脑上花费了大量时间，如果家长允许，他还会玩得更多。他甚至耍花招，以达到目的。家长把游戏说得像毒品一样并非偶然。在某些父母眼中，他们的孩子已经是彻头彻尾地成瘾了。随之而来的问题是：我们是否应该使用"保护权力"，使我们的孩子远离应用程序、游戏机和电子游戏？这些东西到底有没有益处？

人无时无刻不在学习。但是只有触及我们内心深处的东西才能长久地存储在大脑中。神经生物学家吉拉德·许特在他的著作《每个孩子都是天才》中写道，当我们的孩子被某个发现触动时，脑中的情感中心就会被激活，然后这些细胞群会释放出更多的某种信使物质。根据许特的观点，这些物质就像肥料一样，撒在被兴奋激活的神经网络上。它们诱导神经细胞增加某种蛋白质的产量，而这种蛋白质对于新突触的生长，以及神经细胞连接的形成和稳定是不可或缺的。这就是为什么孩子对于那些能激发他们热情的东西会学得特别好。

孩子们通过玩耍学得最好——科学研究早就证实了。在世界上所有的文化中,孩子们都将大部分精力用在玩耍上。游戏是人类的一项基本需求,即使在最不利的情况下也无法抑制。儿童不仅可以通过游戏为以后的生活做准备,还可以处理恐惧或练习基本的社交技巧。

比如在"哎呀,你别生气"这个游戏中,他们必须学会等待并忍受对自己不利的情况,才不会把棋盘掀翻,他们的冲动控制由此得到训练。要想爬树或从攀爬架的一个平台跳到另一个平台上,他们必须克服恐惧,发展身体意识和自信心。在小组游戏时,他们必须遵循社会规则,学习领导或配合他人,听取他人的想法并对其进行评估。简而言之,游戏让孩子们为生活做好了准备,是别的东西无法替代的。

通过玩耍,孩子们学习了生活所需的知识。只要没有强迫他们,他们会充满喜悦和热情地玩耍。他们在玩耍时能产生自我效能感、建立与大自然和其他孩子的联系、克服困难,通过游戏的直接性即时地体会到因果关系(比如,在小溪中修建水坝),这些正是促使我们大脑释放幸福激素的东西。由于这些激素的作用如此出色,它们会使孩子或多或少沉迷于这种状况——所以正玩得高兴的孩子不想停下来。他们忘了去厕所,也不想吃午饭。他们开心极了,而且顺便也自愿地学习了技能。他们注意到,如何建造水坝才能不塌,他们看到水漫过堤顶时会发生什么,他们学习如何通过自己挖出的水渠来引水。儿科医生赫伯特·伦茨-波尔斯特在他与吉拉德·许特合著的《今天的孩子如何成长》一书中写道:"游戏研究表明,儿童从游戏中获得的最大快乐是,他们能够一遍又一遍地获得这种鼓舞人心的基本体验。当他们获得基本的、直接的经验，体验到自己的效能，自由地确定和改变游戏过程，能够和其他人（或地方、故事）产生联系的时候，孩子们感觉最好。"

为了能够与现实生活中的游戏竞争，电子游戏必须设计得能够激发大脑中的相同过程，并触发多巴胺的释放。它们能做到这一点，而且非常有效。游戏制造商非常清楚游戏如何影响大脑，以使用户长期着迷，从而使越来越多的人购买游戏。这不是对程序开发人员的批评，只是对他们能力的客观评价。

人类一直都是高效工作的生物——如果某件事能更简单，那么我们绝不会选择困难的道路，而是走容易的路。因此，孩子（也包括大人）喜欢玩电子游戏是合乎逻辑的，因为它们会让大脑更快、更集中地释放多巴胺。

如果你们在自己的花园中种下一棵醋栗，至少要花一年的时间才能结出果实。在此期间，必须好好保护它，使其免受虫害，给它浇水，等蜜蜂为它授粉，然后必须等待很长一段时间，绿色的果实才会变成深红色。只有付出这些辛苦之后，大自然才允许我们收获真正意义上的"劳动成果"。在手机上可不一样：在应用程序中，孩子们一样可以种一棵树，浇水，保护它免受暴晒，将蜜蜂引到花朵上，清除杂草，并防止害虫啃食树木。他们会在几分钟之内获得奖励，因为树木上很快就挂满了果实。当然，孩子不能吃它们，但他们仍对自己立竿见影的成就感到高兴——幸福激素得以释放。

简而言之，游戏机上的游戏能"深深触动"我们的孩子，因为它们可以刺激大脑中的奖励区域。这正是让我们成年人感到如此恐惧的原因，因为游戏似乎让人上瘾。但是，也许我们也可以从积极的角度来看待电子游戏。让我们更仔细地看一看。

应用程序、游戏机和电子游戏的积极方面

应用程序和电子游戏可以使孩子们的学习更轻松。有些应用程序可以让孩子们学习知识，对这些内容他们平时可没有什么兴趣。计算机对孩子充满了魅力，可以引导他们做无聊的、需要反复练习的工作，比如学习乘法口诀。教育者把这称为通过媒体获得动机。它不是万能药，也不应该强迫孩子使用，因为强迫玩的游戏不是游戏，而是工作。但是，如果孩子对游戏如此着迷，以至于他们自愿地做数学题或复习单词，那也未尝不是一件好事。甚至有研究表明，在线游戏或聊天中基于文本的交流也能帮助儿童习得书面语言，他们在学校里可很少或没有动力学习读书和写字。

各种研究还表明，电子媒体可以促进思维某些方面的发展。例如，它们可以改善视觉关注度。经常玩游戏的人会更快地捕获快速连续的对象和信息，并更快地对其进行处理。视频游戏也会对工作记忆有积极作用，并增强了同时记住多条信息的能力。它们鼓励批判性思维和制定策略的能力。经常使用互联网的人比那些只偶尔坐在电脑前的人具有更好的计划能力，也能更好地处理信息。

如果孩子完全被屏幕上发生的事情所吸引，这将训练他们的专注力。根据游戏类型的不同，还需要抽象思维以及逻辑和战略思维。另外孩子还可以

通过电子媒体发展出非凡的耐力。他们要面对游戏中的失败和挫折，因此会对挫折耐受力的发展产生积极的影响。

我们成年人通常会忽略电子游戏的社会意义。我们眼前会浮现出那些在屏幕前流连数小时，逐渐变成孤独宅男的游戏者形象。实际上，在线游戏甚至可以促进社交能力的学习。因为这些游戏的一个特点是全球成千上万的玩家同时玩，通常只有玩家组队才能达到更高的级别。这意味着——和在现实生活中一样——必须以友好的方式跟陌生人攀谈或者给他们写信，并通过虚拟共享原材料，帮助他人建造房屋或类似方式来培养友谊。掌握了这种社交互动的玩家不会在网络世界中被忽视，他们会被吸纳进某些小组中，还可能有人会向他们寻求建议。相反，不礼貌的队友则被阻止或忽略，以至于孤军奋战，无法完成任务。

很多年前，我的导师曾问我是否想参加"捉对"纸牌游戏。我预先在网上练习，以免自己在他面前丢人。在捉对游戏中，随机抽牌决定谁是搭档，谁是对手。有一次，我在网上玩"捉对"时，跟一位经验丰富的女玩家被分在一组。我犯了很多错误，她也在聊天中抱怨我，而在我的个人资料中，她可以看到我是一个初学者。我中断了游戏，以免被她嘲笑，并且再也没有接受过她的邀请。但是，其他给我提供留言和建议、并耐心解释游戏诀窍的玩家，对我帮助很大，使我至今还感念他们。

借助在线游戏也可以进行社交学习，甚至建立友谊。但是，如果那些在线时间更多更长的朋友，要求我们的孩子也更多地玩游戏，好跟他们结队晋级时，也会产生相当大的社会压力。这个潜在的问题应该受到父母的重视，要与孩子讨论这个问题。归根结底，这跟现实生活中来自同伴的社会压力一样。我们大概都记得自己年轻的时候，当所有朋友都吸烟或喝酒，我们很难说不。但是，我们最终做出了负责任的行动，我们的孩子也能做到这一点。

通过手机上的社交软件进行交流，也使我们想起了自己的青春时代。我们那时候是煲电话粥，一煲几个小时，我们的父母只能翻白眼。你们是否还记得如何将电话线接到自己的房间，以便不受干扰地与最好的朋友聊天？那些通话就像今天孩子们的短信一样 "毫无意义"。我记得，我刚放学回家就拿起电话打给我最好的朋友安妮，而我们刚刚在学校待了一整天。今天的年轻人无休止地发信息只不过是把交流形式转变成文字而已。

曼努埃尔也喜欢放学后和他的朋友们发信息，而且没完没了，以至于他的妈妈都开始担心了，因为不断地打字和阅读使这个男生无法与家人进行真正的交流。我们完全可以理解卡琳为什么感到恼火。始终把手机放在视线范围内，以免错过任何东西，这是我们时代的坏习惯。但是说实话，这不仅是年轻人的问题，手机让我们所有人分心。大家都会感到一次又一次的冲动，"只是快速浏览一下，是否……" 甚至可以说，交谈的时候不看手机，就是成年版的棉花糖实验[1]。你能坚持几分钟？

如果你们发现手机阻碍了双方的对话，令人讨厌，那么就必须一起去寻找解决方案。比如，我们家一进门有一个盒子，我们回家后马上把手机放进去。我们共享天伦之乐的时间很宝贵——我们的谈话也是如此。只有当孩子们上床睡觉后，我们大人才会再次专注于屏幕。对于曼努埃尔一家来说，类似的安排也许可以考虑。比如晚餐后他可以和朋友们聊天或在平板电脑上玩游戏，而晚餐之前的时间则完全属于家人。

1　棉花糖试验，心理学家沃尔特·米歇尔 1966 年起在幼儿园进行的有关自制力的心理学经典试验。——译者注

电子游戏的负面影响

电子游戏的确有可能造成负面影响。但如果我们知道应该注意哪些问题的话——比如前额叶皮层的成熟——是可以避免负面影响的。

前额叶皮层是控制冲动的最重要工具，并且对于我们的关注力，社会智慧以及规划未来也至关重要。我们在上文中已经描述了它是如何工作的，包括在第一章最后一节"超级工具——前额叶皮层"中也介绍过。恒心、耐心和隐忍是孩子们必须抓紧学习的技能，这样他们才能在生活中立足，在社会中生存。孩子自由玩耍时，这些技能会自动地得到训练。比如，孩子想滑室外游泳池的水滑梯，就必须在楼梯旁等待，直到轮到他。而计算机游戏和应用程序通常训练的是孩子对刺激的快速、自动反应。最多，孩子的恒心可能会得到加强，因为要晋级就需要一遍又一遍地玩游戏中的某一关。

神经生物学家和心理治疗师约阿希姆·鲍威尔在《自我控制》一书中写道，对现代媒体的全盘否定是荒谬的。尽管如此，他仍警告说，在互联网上漫无目的地冲浪，对大脑执行功能的发展无济于事。这是因为网上通常需要对刺激做出快速反应，而不是停下来考虑有哪些选择的可能性，而停下来思考的能力对于发展自我控制是至关重要的。根据鲍威尔的观点，现代媒体训练的更多的是接受挑战，即快速和自动的反应，而对拒绝，即思索和考虑训练得太少。

但是某种东西是否有毒，往往取决于剂量。只要孩子在一天中的大部分时间都处于线下，可以在室外新鲜空气中自由活动，并能忘情地与他人自由玩耍，那应用程序之类的东西就不会让他受到伤害。但是如果线下时间太短，就有问题了。在大脑发育以及训练前额叶皮层时，都适用一句话："要么使用它，要么失去它。"婴儿天生就有过多的神经通路——其中一些受到环境和周围人的影响，会被"拨响"，而后得到加强。其他未被激活的在某种意义上说就凋亡了。有些新生儿有先天性白内障，如果未在儿童早期接受眼科手术，即使是几年后恢复了视觉功能，最终也会失明。在生命的头几年，语言习得也有一个关键阶段，如果孩子在这之后才接触语言，即使他们接受了强化课程，也将永远不会流利地说话。

二至十岁的儿童如果不能在自由活动以及与他人的交往中充分训练冲动控制能力和自我控制能力，他们就会总是对外部刺激产生突如其来的反应、缺乏计划性或无法融入一个团体，因为在关键阶段，他们相关的神经通路没有经受足够的训练，因此枯萎凋敝了。

不仅如此，即使前额叶皮层已经发育良好的儿童、青少年和成年人，如果过度使用新媒体也会导致问题。如果只刺激和训练大脑的基本系统，那前额叶皮层就会进入休眠模式。这可能会产生不良的影响，我们下面就会讲到。

危险：无法抑制的攻击冲动

如果一条蛇被激怒，它会本能地咬人。它的爬行动物脑对压力源做出的反应就是不受限制的攻击。我们人类也有一个"爬行动物脑"——我们的基本系统。如果有人惹恼我们，我们也有打人或骂人的冲动。但是，让我们与众不同的是我们内置的控制回路：前额叶皮层。我们首先感觉到的攻击性冲动会通过该检测系统。前额叶皮层会根据以往的经验进行权衡，打人或骂人是否有意义。也就是说，前额叶皮层控制着我们的动物性冲动。

但是，研究表明，长时间看电视和玩电脑游戏，我们的控制系统就会变得迟钝。它像是睡着了，暂时无法工作。我们的攻击性冲动也就得不到控制，具体地说就是：当孩子玩太多电脑游戏或看太久电视，如果有人要求他马上停下来，他就会做出粗鲁、闷闷不乐甚至攻击性的反应。很可能他会为了继续玩而斗争，有时甚至会对大人拳脚相向。大人不必因此而惊慌。这种反应仅仅表明，神经控制回路此时不起作用。这种现象甚至在成年人身上也能观察到。

有趣的是，也有一些研究证明情况不是这样。所谓的"杀手研究"旨在找出暴力视频游戏对攻击性、沮丧和抑郁情绪有何影响。学者得出的结论是，能够在虚拟世界中占统治地位并能控制自己的人生，可以减少在现实生活中对他人的敌视或沮丧情绪。至少经常玩暴力视频游戏的大学生在面对故意让人有挫败感的智力任务时，比没有玩视频游戏的学生有更少的敌对或沮丧情绪，而两组的攻击性水平一样高。

因此，新媒体使人变得有攻击性，这种指责并不完全正确。攻击性是我们固有的——新媒体只是暂时地关闭了控制回路。但是，计算机或手柄游戏以及应用程序可以降低使用暴力的门槛，原因并不难解释。

控制门槛下降

人类有很多东西都是通过观察学习的。我们大脑中的镜像神经元会不由自主地接收环境中的所有信息，并将其存储为"正常状态"。如果一个人一次又一次地玩射击和杀手游戏，那大脑也不会忽略这些。大脑的镜像神经元会将杀人视为正常状态，人对此变得不敏感，暴力行为的门槛下降。

当然，这并不意味着，每个玩射击游戏的人都会变成随意杀人的枪手。要发展到这种程度还涉及许多其他外部和内部因素。正如心理学家马克斯·赫尔曼努兹在关于"电脑游戏是枪支使用培训吗？"的研究中得出的结论一样，存在着"濒危人群"。这意味着，如果一个人经历过许多苦难和不公正对待，那些经验就像细小锋利的钉子一样扎在他心里，这时如果他比平时玩更多有攻击性的游戏，那他有可能会随意杀人。一个人心里如果没有羞辱或创伤记忆的痕迹，或者能够处理并克服这种经历，那无论他玩了多少射击游戏，也不大可能随意杀人。

约阿希姆·鲍威尔解释说："从神经生物学的角度来看，这种联系是绝对清楚的：大脑是一个不断学习的系统。当涉及那些对青少年来说很刺激的暴力行为时，大脑不会中断学习。我们所看到的——这是镜像神经元研究的核心结论——将铭刻在神经细胞网络中，该网络负责协调各种行为选项。当然，看到某件事并不意味着去做那件事，要行动还需要其他因素。但是我们看到的东西会被保存为行动模型，并且，如果它表现为一个在愉快、有趣或有用的环境中的行动，就会创造出行动的意愿。"

镜像神经元实际上是大自然的奇妙设计，它使我们在婴幼儿时期能够以高效的方式准确地学习那些在社会中所需要的知识，使我们健康成长。在热带雨林中长大的孩子所学的东西不同于在冰天雪地里或大城市里长大的孩子，因为他观察、模仿的是自己周围的人。这本来是好事，但是，如果环境（包括媒体）缺乏同理心并且充满仇恨和暴力，我们大脑的超级工具就成为问题了。因此，父母的任务是密切关注孩子们玩哪种游戏，以及他们和朋友、同学如何交往。如有必要，家长必须进行干预以指明道路。

浪费时间的游戏

每个人都知道史蒂夫·乔布斯。他的孩子只允许在周末快速浏览一下他们的平板电脑，在上学期间则不能。其他在推特、脸书和其他互联网公司担任高级职位的父母，看法也大同小异：尽可能、尽量久地让他们的孩子远离新媒体。他们宁愿看书，在大自然中玩耍或聊天。德国一家应用程序制造公司的共同创办人维丽娜·鲍斯德每周只允许儿子们在平板电脑上花三十至四十五分钟的时间，而且是在周末乘火车或汽车去郊游的路上。我们问她为什么对孩子进行这种限制，她回答说，这完全是根据家庭的节奏制定的。鲍斯德下午六点左右回家，孩子们晚上八点上床睡觉。在这段时间里，他们在一起做饭、吃饭。然后孩子们洗澡，再和父母一起玩一会儿，听一会儿书，就该睡觉了，根本没有玩平板电脑或看电视的时间。如果允许孩子们玩游戏，那么他们每个人都会抱着自己的设备，一家人就没有时间在一起活动了。鲍斯德说，但是在周末或旅行时，应用程序很不错，它们为孩子们带来了很大的乐趣，而且孩子可以用这些应用程序做很多在其他活动中无法完成的事情。

然而，今天只有极少数的家长允许孩子在外面游荡，完成那些对他们的发展有益的任务。他们在外面碰到其他孩子并与他们一起玩耍的机会也越来越少。但在网上，他们总能找到玩伴。因此，上网也就变得很诱人。如果我们确切地知道，自己的孩子与我们及其同龄人之间有稳定、直接的联系，那么当他们尝试新媒体时，只要在线联系和面对面的联系能保持平衡，我们就不必担心。如果孩子十分好奇并渴望学习一种游戏，那他几天躲在自己的房间里，也不是那么可怕。这很正常，但是，一段时间后，应该恢复与亲人的直接接触。

电脑游戏和应用程序能使人变得被动

儿童玩耍的自然目的是发展生活技能。当孩子将一条小溪的水引到自己挖的水渠里时，他沉浸在游戏之中，大脑中的幸福激素释放出来，他感到行动带来的快乐。即使这种游戏对身体来说既困难又费力，但整个过程对他来说仍然很有趣。同时，他在没有意识到的情况下锻炼了自己的肌肉，并从中了解到自己身体的局限性，当然还学习了河流和泥土的特点。

而计算机游戏总是由别人（大多数是成年人）编写、设计好的。对他们而言，重点是娱乐，而不一定是扩大生活技能。体验乐趣，在前几代人中是鼓励他们和朋友一起闲逛的诱因，在电子游戏的时代，这种乐趣被转变为一种相对被动的"被娱乐"。游戏本身的自然目的消失了。而正是在这一点上，当今一代的青少年遭到指责：他们只想要一个娱乐社会，在这样的社会里他们不必在艰难困苦的情况下咬牙坚持。首先，这种指责太笼统了；其次，它也确实不公平，因为这种旨在迅速满足需求和获得乐趣的消极态度，实际上是由社会环境灌输给他们的。

没有一个婴儿来到这个世界上是为了玩得开心。婴儿一出生就想与他人建立情感纽带，他们要发展、要学习。但是，孩子也能适应环境，如果他们感到无聊，或者大人想要休息一下，就把手机往他们手里一塞，那么他们大脑的理性部分，即前额叶皮层，就得到了明确的信号：现在不需要工作。

但正是前额叶皮层使我们能够咬牙坚持，当感到无聊时，它可以让我们打起精神做些什么，以消除无聊。如果家长总是关闭它，而不是等待孩子自己做些事情克服无聊，那就会产生相反的效果。

上瘾的风险

毫无疑问，有些人沉迷于游戏或互联网。有足够的研究数字可以证明这一点。在德国，大约有 560,000 名成年人，即所有年龄在 14-65 岁之间的德国人中有 1% 的人，每周上网时间超过 35 个小时，最多的人每天上网 12 个小时。大约有 6% 的人有极大的成瘾风险，这意味着他们的上网时间仅比"真正的"成瘾少一点儿。

这种成瘾的背后机制又可以通过大脑的神经系统特性来解释。正如我们已经提到的，这个世界上的所有人都有某些基本需求：成为集体中受重视的一员，拥有一个未来可实现的目标，与某个人建立情感联系，本色的自己被人所爱而不必伪装自己。当这些（和其他）基本需求被满足时，大脑会释放多巴胺，给人快乐、健康的感觉。

但是，如果某些重要的东西缺失，也就是说，还有基本需求未得到满足，人就会采取满足这些需求的策略，这一点我们也已经谈论过。但是，到底采用哪种类型的策略，对于我们仍具有原始特点的大脑很重要。在线社区对大脑来说只能产生替代满足感，也就是说，归属的需求不会得到长时间的满足。

吉拉德·许特和乌利·豪赛尔写道："这是替代品的特点，因为它没有达到承诺的效果。替代性的满足不会让人真正快乐，它们无法满足对真正的亲密关系的需求，也无法满足对原始的自我发展的需求。它们会使人视野狭窄，使无关紧要的东西看起来十分重要。它们会产生短暂的愉悦感，激活大脑中所谓的奖励中心，却不会留下深长的回味。"

你们还记得之前提前的布鲁斯·亚历山大的老鼠乐园实验吧？如果这些老鼠与它们的同伴一起生活在一个大大的老鼠乐园里，即使它们以前沉迷于毒品水，现在还是喜欢喝自来水。我们人类也一样。如果我们的所有基本需求都得到满足，那么诱人的、无处不在的新媒体就不会伤害我们或我们的孩子。像健康的老鼠一样，我们可能会时不时地品尝一下"毒品水"，短暂迷失在虚拟游戏中，但是我们不会成瘾。

应该禁止电子游戏和游戏机吗？

电脑、游戏机和应用程序游戏既不是"全好"也不是"全坏"。就像我们所展示的那样，新媒体是否有害这个问题，只能给出个人化的回答。答案取决于孩子的自控能力发展到何种程度，他的成长环境、社会关系如何，以及其他基本需求的状况。如果有很多不利因素同时存在，那电子游戏可能会造成伤害。但这并不意味着，我们由于担心它的影响就必须让孩子们远离它。这种想法太简单了。

电脑游戏和智能手机是我们数字生活的一部分，把它们妖魔化是愚蠢的。但是我们总是倾向于对下一代人创造出来的东西采取拒绝的态度，并将其归类为有害产品。乔治·米尔兹纳在他的《数字癔症》一书中提到了这一点，并提出了一个很尖锐的问题："歌德应该被禁止吗？"因为在他的小说《少年维特之烦恼》问世后不久，年轻男子中就出现了一波自杀潮。很明显，他们是在模仿文学作品中的人物。如今，这本书被列在学校的必读书目上，而且已经列出了很多年，并且是德国文学最重要的经典著作之一。总有一天，家长对电子游戏的潜在恐惧也会像对文学作品的恐惧一样消失殆尽，起码当今大多数父母都在青少年时期玩过电子游戏，并且从自己的经验中知道，电子游戏并不是恶魔。研究已经证实了新媒体可能存在的陷阱——我们只需要牢记这些发现即可。

曼努埃尔的母亲也不必忧心忡忡地看待儿子的问题。他经常用智能手机与同学聊天，这不过是表示他有想要保持联系的朋友。当然，她可以和儿子一起坐下来讨论一下，她对两个人共同的活动是如何设想的，为什么她不喜欢儿子在与她交谈时不断地查看手机，或者不喜欢他对她说谎，只因为他想玩平板电脑。我们确信，这个家庭——如果他们也考虑曼努埃尔的观点和愿望——将找到一个很好的双赢的方案。如果曼努埃尔的毅力只显示在用手柄赛车上，而不是在背单词上，这并不奇怪，也不是什么大问题。游戏肯定比学习更能让他兴奋，大脑中会释放出更多的多巴胺。如果卡琳想引导他离开屏幕，也许她可以建议一起去玩卡丁车，真正地练习赛车。那他的脑子里肯定会燃起兴奋的焰火。

让我们的孩子开心地玩吧！电子产品不是我们的敌人。它们既有优点又有缺点，我们对此要有所了解。最重要的是自我控制，还要认识到，某些东西玩起来要有度，才不会造成伤害。家长要帮助孩子，而不是让他们独自面对有诱惑力的、有过度使用潜质的产品，这才是以亲子关系和需求为导向的育儿方式。出于对成瘾的恐惧，不假思索地发出刻板的禁令，既是不必要的，也将弊大于利。

亚历山大：每个孩子都是独一无二的

作为家教书作者，总有人问我们有关抚养孩子的问题。绝望的父母常常来找我们，他们担心孩子"有什么不对劲儿"。如果你们也有此类问题，那我们这里有一个以亲子关系为导向的终极建议：

爱你的孩子，爱他本来的样子，爱他所有奇怪的特点。你的孩子是一个个体。他的发展以兴趣为导向。他一步一步地征服世界，迈向最令他兴奋的地方。他可能会偏离"所有孩子"都走的道路。不要因此而感到不安。只是爱你的孩子，爱他本来的样子。

如果孩子的特殊性导致他偏离某些规则，那就让你无条件的爱像保护伞一样罩在他的身上，在他特立独行的道路上守护他。他终将意识到，自己真正被爱，这种美妙的认识会让他醒悟。"把孩子拖向某个既定方向"，这种观念下的育儿从来没有真正带来任何好处。至多，出于对我们纯粹的爱，我们的孩子压抑了自己的特质，然后显得"正常"。但在长大的过程中，他会总觉得自己有什么地方不对，必须适应才能变得可爱。专家一致认为，这条道路终将导致不幸的生活。

如果有一天你们的孩子被证明确实"与众不同"——他可能被诊断出患有自闭症谱系障碍；可能觉得自己是女孩而拥有男孩的身体，或者他被证明是个神童，那么你们一如既往充满爱意的眼神会让他充满幸福和自信，使他更轻松地抵御扑面而来的偏见。因为在大多数情况下，影响孩子的不是他们的特异性，而是他人对他们的反应。你们撑起的防护伞正是针对这些反应的。

三十岁的曼娅和五岁的亚历山大的例子使我们看到，没有恐惧地接受孩子的特异性并不总是那么容易。

我的儿子亚历山大与我认识的其他同龄孩子有所不同。幼儿园老师因此已经跟我联系过了。她实际上是希望我们找个专家给他检查一下，因为她认为，这样上学的话他永远不会有好成绩。她说他在班上没有朋友，就想一个人玩，比其他人更容易生气，然后大声尖叫或哭泣。在吃饭方面，他也特别挑食。另外他的问题太多，并在自己的思路里不断地跳来跳去。他画画时也画不成任何具象的东西——他大概是发育迟缓，没有很好的想象力。上色时，他总是迅速而潦草地把区域涂满，从不真正注意正确的颜色或线条。如果老师问他，为什么不好好画，留下很多空白，他会回答说，他认为这样很好看。但这并不好看，画面很不干净，达不到学龄前儿童的水平。

到目前为止，我认为他只是不喜欢绘画，因为画画不是他感兴趣的领域，所以他不如其他孩子。但是老师说他应该能做到这些了，因为他很快就要上学了。他还必须学会好好握笔。我应该抓紧时间跟他练习一下，必要时强迫他练练。唉，没办法，就照老师说的做吧。每到星期天，我们都跟他讨论星期一幼儿园学前班他可以画些什么，并练习一些小技巧，使老师能够认出来他在画什么。我们谁都不喜欢这么做，我跟他斗争了半天，他才和我一起坐下来。

但老师说得没错，他确实挑食。早餐时，我必须在碗里放二十个玉米片，多了少了他都会哭。他受不了吃未知数量的玉米片。他也是自觉成为素食主义者的，因为他认为我们对待动物的方式很不友好。他确实给自己提很多问题，并且记得非常小的细节。我其实觉得这很好，因为这样我们就可以经常去博物馆。虽然只有五岁，但他很感兴趣。他听导游讲解时特别专心。我们最近去了一个苹果博物馆，听讲解时我差点儿睡着了，因为实在太无聊了。但是之后，亚历山大能够准确告诉我哪个是德国最古老的苹果品种，以及一升苹果汁需要多少个苹果。

自从幼儿园老师跟我们谈话以来，我突然开始从不同的角度看待这些事情——也许他真的不正常。我们的儿科医生向我保证他是个聪明的小家伙，他从我儿子出生起就给他看病。但是老师没有在日常生活中看到他，也不能将他与其他孩子进行比较。现在我该怎么办？

如今，对规范的偏离被迅速地病理化了。家长通常会感到恐慌，尤其是当孩子在社交或情感发展方面落后于同龄人时，人们就会不假思索地给他贴上"思维混乱"或"表现异常"的标签。这个领域有很高的个性化发展空间，尤其是当孩子在另一个领域（例如在智力上）发展特别迅速时，就像我们例子中的亚历山大，在社交或情感领域的轻微发展延迟并不罕见。就像童年早期的孩子一样，如果他们的身体运动能力强，有可能晚点儿才说话；或者他们的语言发展较早，而运动发展滞后。今天几乎所有的父母都知道这很正常。但很多人却不知道，这同样适用于其他发展领域。

让我们继续以一个具有良好运动技能的幼儿为例，想象一下，他已经二十四个月大，可以奔跑、跳跃和攀爬，但是除了"汪汪"和"妈妈"之外什么都不会说。他的父母会怎么办？他们可能会注意到，孩子说话落后于同龄人。也许他们会担心，但在向儿科医生咨询后，他们决定再等一等看看。他们会注意孩子的语言发展，对他说话时清楚而专注，但不会进行任何进一步的治疗。大多数"晚说话者"会在三岁生日前后开始说话。如果还不说，那可能是耳朵的问题，可以通过手术解决。

这些说话迟的孩子在任何时候都不会觉得，周围的人认为自己"不正常"。他们不会因无法正确表达自己而受到惩罚，他们不会因为话比别的孩子少而感到尴尬。由于发育原因，现在还没有到那种程度，怎么能要求他们以适合年龄的方式说话呢？那不是很荒谬吗？因此，他们就这样被接受了，因为每个人都知道他们只是需要多一点儿时间。成年人在跟这样的孩子说话时，也会顾及孩子的语言发育情况，而不是他的实际年龄。

但是，面对社交或情感发育滞后的孩子时，成年人的反应不会那么放松。无论是孩子害羞，不想在全班学生面前讲话，还是遇到一点儿小小的刺激就开始哭泣；无论是孩子喜欢独自玩耍，很快就生气，还是情绪激动地打人，周围的成年人都会立刻觉得，必须惩罚他们，因为他们的行为不符合他们的年龄。"六岁的孩子一定能够做到这一点！""你不是婴儿了，为什么总是哭？"实际上，他们对社交或情感发育滞后的孩子经常根据他们的实际年龄做出评判，这种做法是不对的。孩子们被要求为某些事情负责，但从发展年龄上说，他们还做不到这一点。他们不是故意落后，只是他们自然的内在发展计划与别人的不同而已。

因此，如果你们的孩子在社交或情感上的发育不完全符合他们的年龄，请像对待说话晚的孩子一样对待他：多加关注，给他时间。不要总在他面前强调，他"应该能够做到"。接受自己的孩子以及他所有的特异之处，无条件地爱他。如果你发现很难以轻松的方式处理孩子的所谓行为问题，请考虑在哪个年龄这是"正常"的，以此作为孩子的发育年龄。下次因为他的行为，你有责骂他的冲动时，请考虑这个发育年龄。让自己清楚地知道，孩子对他的发育阶段来说表现正常。与晚说话者一样，如果给孩子机会在日常生活中放松地进行练习，大多数社交或情感发育迟缓会自行消失。

如果还是不行，那该怎么办？

　　但是，如果长大了还不好怎么办？当问题变得无法独立解决时，父母应该怎样为孩子提供支持呢？

　　社会情感发展、冲动控制的发展、视角转换能力、同理心，与前额叶皮层的持续训练有关。为了与他人共情，必须满足三个先决条件：首先，孩子必须能够理解另一个人的面部表情和手势，也就是说，他通过观察面部表情和手势能识别出对方的感受。他已经有意识地经历过这些感觉，现在能够体会它们。第二，他必须能够从对方的角度看问题，即使当前自己很快乐，对方也可能感到难过。第三，他必须记得，是什么帮助他忍受并克服了这些感觉，而且他现在感到冲动，想将此经验分享给对方，来帮助他。孩子想要控制冲动，比如克制打人的冲动，首先要能够改变自己的视角，知道另一个孩子在挨打时会疼，而打人的人对此负有责任。这一认知上的里程碑是在三岁到五岁之间才达到的。为了遏止冲动，需要在大脑中已经保存了类似的情况，现在将其作为参考，以便脑中的控制回路可以抑制打人的冲动。但是，这种控制回路——前额叶皮层必须先得到训练，才能正常工作。这种训练从三岁左右开始，到入学时才能辨识出孩子有真正的冲动控制。

　　这个年龄段正是父母应该密切注意的所谓"问题儿童"的年龄：在幼儿

园的最后一年和入学的第一年，孩子通常会出现迅猛的发展。在这两年之中，社交和情感发展滞后的情况应该明显减少。这并不意味着一年级结束时，孩子不再因为小刺激而生气或哭泣，但情况应该有明显的改善。一个在幼儿园一生气就动手打人的孩子，在大约七岁时虽然仍会大发雷霆，但打人会轻很多，或犹犹豫豫甚至根本不打人，尤其是当对手年龄更小、个子更矮或身体更弱时。如果对手实力相当，甚或更高大更强壮（比如父母），那么很可能八岁的孩子仍会全力出击。

发生后一种情况，与前额叶皮层对事态的评估有关：它评估了击打的强度是否与刺激成正比，同时权衡了会给对方以及自身造成的伤害程度。如果一个更高、更强壮的对手站在面前，而且孩子知道他不会反击（比如父母），那么控制回路很可能做出判断——成年人可以承受强烈的打击。毫无疑问，这种评估对我们成年人来说肯定是不愉快的，但不是儿童有意识做出的。我们这么说，并不是为打人的孩子开脱。当然，打父母或任何人都是不可接受的。这时成年人完全可以明显地表现出他们的愤怒、失望和痛苦。这样做非常重要，因为这也会作为参考情况存储在控制回路中。

但是，如果有人得出结论——成年人进行回击是正确的，前额叶皮层就能记住打人是危险的，那我们要非常清楚地告诉他：不对！完全不对！在任何情况下都不能打孩子。如果你打人，对手就会反击，这一点孩子已经从其他孩子那里学得足够多了。如果有成年人反击，大脑会记录下来，大人可以打小孩。而这恐怕是你不想要的结果。我们想打破这个恶性循环，因此，即使很困难也要控制住自己。不要反掐一下，反打一拳，反吐一口，反踹一脚。你是大人，你已经有训练有素的冲动控制力，请用好它！

列个清单

如果你担心自己的孩子社交或情感发育滞后不会自行消失，请在上幼儿园的最后一年把孩子身上引起你注意的东西写下来。列出清单是一个好办法，因为我们的大脑倾向于忽略进步。当遇到困难时，我们有可能加以关注，但在进展顺利时，我们几乎不会注意。接下来的时间里，你可以用这个清单仔细评估一下，孩子是否走在正确的发展道路上。我们把前面例子里幼儿园老师对亚历山大情况的描述列出来：

- 没有朋友。
- 总是一个人玩。
- 不会画具体的物体。
- 握笔姿势不对。
- 涂色涂得不"美"。
- 容易生气，然后哭泣或尖叫。
- 挑食。
- 早餐要不多不少二十个玉米片。
- 问题太多。

● 记住最小的细节和"无聊的"事实。

严格来说，这些并非都是社交或情感发育滞后的情况，但无所谓，重要的是，把所有你觉得孩子身上看起来奇怪的事情都列出来。

一年后，比如在上小学之前，再看一下清单，是否有已经改善的地方。改善并不意味着这些异常已经完全消失，而是意味着，现在可以看出孩子有了问题意识，正在"着手解决"。比如，一个五岁的孩子每次生气时都打人，他六岁的时候有没有忍着不打的时候？是不是能看出他本来想打人，但及时"刹车"，或者打的力度变小了？如果是这样，那孩子就是在正确的轨道上。如果孩子在六岁又遇到了新的困难，那就随时加进这个清单里。

为了使家长的观察有专业的参照，我们简要罗列一下六岁的孩子在社交、情感和交流方面要具备哪些能力才会被视为发育正常：

● 玩耍时，玩具通常保持完好无损。

● 会发明新的游戏。

● 如果学校或幼儿园分发东西，会排队等候，不加塞。即使不是第一个拿到东西，也不会哭。

● 在幼儿园或学校里，吃早餐或做手工时能坐下来不乱跑。

● 受到大人的称赞时，反应不是犯傻或生气，而是高兴。

● 被问到某事时，回答与问题真正相关。

● 除了父母，还"听"其他成年人（老师、教练）的话。

● 参加集体（幼儿园、学校）活动。

● 如果想要某个东西或做某事，会态度友好地问一下。

● 如果想说些什么，他会与其他孩子或成年人对话。

● 如果想和另一个孩子一起玩，他会以友好的方式表达自己的愿望。

● 一起玩耍时，孩子会与其他人一起思考游戏该如何继续进行。如果出现争执，可能仍需要大人来帮忙。

当孩子读完一年级后，你可以按照列表再次进行评估。现在，大多数问题都被划掉了，因为孩子"长大了"。如果问题仍然存在，那也不必惊慌。首先，问问其他跟孩子接触比较多的成年人，他们如何评价孩子——孩子在外的表现与在家通常会有所不同。另外请看下面的列表，这是孩子在九岁之前应该掌握的技能：

● 孩子如果以前做过类似的事情，现在可以独立完成。

● 孩子了解一个群体（比如学校、班级等）中的规则，并可以用自己的语言表达成年人对其行为的期望（请注意，他们必须了解规则，但并不意味着他们始终遵守这些规则）。

● 孩子可以说出来，大人为什么制定这些规则。

● 孩子可以描述，他们在某种情况下如何表现得更好。

● 如果孩子被选为领导者，他不会滥用职权，而是公平地对待其他同学。

● 如果其他人被选出来担任领导者，他能接受，并参与活动。

● 在教室里，他基本上可以控制自己的冲动（上课时不站起来、不大声喊叫）。

● 如果其他孩子捣乱——经大人提醒——孩子仍然能保持镇定，不参与。

● 如果孩子喜欢或不喜欢某事，他能以正确的语言表达出来，而不是说傻话、办傻事。

- 孩子能够描述其他人的感觉。

- 轮到别的孩子玩时（比如排队荡秋千），孩子能自觉让给别人。

- 孩子可以使用诸如公平／不公平、对／错、好／坏等，对行为做出评价。

- 孩子能按照另一个孩子的建议参加游戏或课堂主题活动，即使他自己的建议是不同的。

- 孩子逐渐与另一个孩子建立牢固的友谊。

- 孩子可以通过友好的提醒帮助其他孩子遵守群体的规则。

我们相信，当阅读这个列表时，你们中的一些人一定松了一口气，因为你们的孩子已经满足了大多数要求，对不对？某个年龄段的孩子在社交或情感上能做到什么程度？社会对此的要求居然提高了，这真是莫名其妙，而且没有任何认知科学或神经科学的依据。因此，家长总有一种感觉，必须越来越早地让自己的孩子适应越来越狭窄的行为规范，以免孩子被视为异常。这可对大人和孩子都没有好处。

当然，宣称长大了一切都会好起来的说法，也有些幼稚。有时，儿童会失常，不管出于何种原因。然后，语言发育滞后变成语言障碍，社会情感发展迟滞变成明显的行为障碍，但是这些确实是例外。这些例外也不是一成不变的，通过正确的训练，即使是真正的发育障碍也有可能消除或缓解。

社交情感行为的训练方法

在过去的十四年中，我一直在跟学校里被诊断出患有社交情感发育障碍的孩子打交道。在这段时间里，我学会了不对他们提出过高的要求。你们还记得前面的结论，大人的反应要对应的是孩子的发育年龄，而不是他们的实际年龄。我们特殊教育工作者正是这么做的。我们只不过拥有测试手段，可以更准确地判断孩子的发育年龄。在课堂上，我经常注意到一个十四岁的孩子，他人高马大，喜欢说唱，想"马上"就去文身，还要做其他"硬汉"要做的事情——但是他的社交情感水平不超过六岁。对我来说，这意味着要两头兼顾。一方面，我跟他说话时把他当作快要成年的人，我备课时选择青少年感兴趣的主题；但另一方面，我不能指望他表现出十四岁孩子的挫折容忍力。在这个层面上，我把他视为六岁，我不想总是对他要求太高。

听起来太宽松，太纵容了吗？请记住，我的这些学生之所以要接受特殊教育，恰恰是因为他们有生以来都是被以真实年龄而不是发育年龄来衡量的。成年人总是告诉他们，他们"应该能够做到"，他们在这方面是失败者，但是从未向他们展示过如何能做得更好。我们在学校所做的，就是根据他们的发育年龄对其进行评价。如果发育年龄为六岁，那我这个十四岁的学生虽然觉得作业太难，但没有立即把作业撕了，那就是表现合格。因此，我给他

175

的反馈是，我看到他有冲动，但是忍住了。我认可他的努力。我的学生们收到对他们的社交情感行为的积极反馈，这对他们来说是有生以来第一次，他们感到自己并没有彻底的失败。同时，借助特殊培训课程，我们为他们提供了扩展这种体验的一些方案。因此，在短短几个月内，他们补上了以前没有学到的东西，因为——这听起来可能很老套——我们从起跑线上就对他们施以了援手。

我们下一步该如何进行？

设立学习目标

首先，我们根据学生的个人发展清单来决定我们下一步要达到的学习目标。如果他对某一社交行为没有概念，那么这不是合适的目标。我们选择的是孩子时不时能做到，但不是总能做到的内容。比如说，那个十四岁的学生总是在体育课上表现不佳，如果老师不是让他，而是让别的学生选择队友组队，他就会发火。除非老师让他最好的朋友选择队员时，他才能保持镇定，等着自己被选中。这表明他基本上有能力忍受这种情况。因此，我们可以把这一点设立为学习目标："如果老师在体育课让其他人组队，我会保持镇定。"

你们可能已经注意到，这是对一个非常具体的情况的描述。目标是，在体育课上保持冷静，既不是在生物课上，也不是德语课上。这个情况从时间上也只占整个课程的一小部分。也就是说，如果另一支球队进球或他的运动表现不佳而得分不好，男孩并不需要保持镇定——他只需要在选择球友时保持冷静，而且我们是特意选择了这个狭窄的目标。

父母（还有老师）常常会错误地设定目标。他们对目标的描述往往是："我不再惹我的妹妹""我不再吃那么多的糖果"或"我乖乖的"。但是这样的目标通常适得其反。首先，"乖乖的""不那么多"和"不惹人烦"的目标过于模糊，其次，时间太长。父母希望孩子整天"不要惹"他的妹妹，这恐怕不太可能。除非孩子们极度恐惧或天生就非常镇定，否则他们不可能整天都"乖乖的"。

在这些情况下，孩子很少有成功体验。他们可能在早上穿衣服时不听话、不想刷牙或晚上不想上床睡觉。大人可以抓住他们任何一个小失误，就说"目标"没有实现，想通过这种方式使孩子意识到，他们还没有达到成年人的要求。这样做往往适得其反。

设定简短、具体和可行的目标："早上坐车去幼儿园时，我不惹我妹妹""妈妈打重要的电话时，我安静地待在房间里""等到每个人的饭都盛好了，我才开始吃""我每天只吃一颗糖果"。不要一次选择太多的学习目标，最多选择一两个。

讨论学习目标

接下来，我与学生讨论他们的学习目标。我们的孩子并不笨——他们当然已经注意到自己经常发脾气，似乎没有达到周围人的预期。由于他们希望能做到这一点，所以他们很愿意合作。我通常会告诉他们，下一步我想到了哪两个学习目标，学生们会表示同意，或说出他们的目标。我会考虑他们的目标是否现实，然后表示同意或者反对。无论如何，我们都要先统一意见。

预告、反馈和回顾

现在该训练了。在体育课之前，我会提醒学生他的目标，为了让他提前做好心理准备，我告诉他课程中何时可以努力实现目标。在我选择一个学生组队之前，我向学生点头，并提醒他注意他的学习目标。

如果他成功保持镇定，我会微笑着向他点头。如果他又大发雷霆，那也只能如此，我不会责怪他，因为他心里很清楚，自己失败了。我不需要再往这个伤口上撒盐。

下课时，我向学生询问，他觉得自己已经实现目标了吗。如果没有，是什么让他大发雷霆？他能否说出当时的感觉或触发因素？下次他可以怎么做？重要的是，孩子要学会正确地评估自己和行为。他必须学会情况一开始就注意到情绪及其触发因素，以便及时控制情绪并使用可能的替代方法。这正是培训的意义所在。一段时间后，我们能观察到，这个学生对训练的情况应付得越来越好。如果在别人组队的情况下，他十次有八次能保持镇定，那就表明，学习目标已经实现了。

如果孩子发展滞后的情况比较严重，你们作为父母也可以采取与我和学生相同的方式。但是，请不要想着对每一件你认为孩子做错了的小事都使用这种方法。这是一种经典的行为疗法，旨在用于严重的例外情况，而不是正常家庭中的日常情况。把孩子那些讨厌的毛病都通过训练消除掉，当然对家长来说是很诱人的，但这既不是以亲子关系，也不是以需求为导向的。只有当孩子由于异常行为而有可能受到社会的负面评价时，如果他们意识到自己在社交或情感上的缺陷并对此感到不满，家长可以在他们同意的前提下尝试这种训练。即使这样，也应三思而行。

对于大多数在一定年龄显得"奇怪"的孩子，这种训练不合适。我们一再强调，反常的行为或者长大了能够自行消失，或者是有充分的理由，比如未满足的需求触发了这种行为。本章一开头，曼娅提到的亚历山大就是这样一个例子。他刚上二年级时，我遇到了他。起初，我对幼儿园老师的评价一无所知，因此我能够毫无偏见地看待这个男孩。在我眼中他是一个聪明的孩子，我丝毫没有发现他有任何负面的行为。他开朗、友好，在学校有朋友，而且人缘很好。他确实提很多问题，并且还关注与他年龄不太相符的话题，但我觉得这样挺可爱的。在饮食方面，他和同学没有什么不同，而且在课堂上他注意力很集中。我没看到他画画，但他捏橡皮泥、做手工，都跟同龄人一样。他握笔足够放松，字也写得很好。我几次观察到他生气的情况，但是他控制得也不错。他哭过，但没有情绪失控。所有迹象表明，幼儿园老师预言的上学可能遇到困难等情况都没有出现。亚历山大只是比其他孩子需要多一点儿时间，很幸运的是，家长也给了他这些时间。

如果不惩罚，那该怎么办？

莉娜：竟干这样的傻事

我们的核心理念之一是，儿童如果做出异常的、不能为社会接受的行为，总有充分的理由。但写到此处，我们还是想加一个"但是"。有时候，孩子做某事仅仅因为他还是一个孩子，没有考虑所做事情的后果。四十五岁的妈妈塔比莎给我们讲述了九岁女儿莉娜的故事：

我们有一个大车库，里面放着两辆汽车和自行车。每天早上，我老公把两个孩子的自行车推出来，以免剐蹭汽车。那里空间狭小，所以我们做了这个规定。孩子们知道这一点，他们必须等我老公把自行车拿出来。但是今天，亲爱的女儿不想等待。莉娜很不耐烦，她不停地发牢骚。其实那天我们时间很宽裕，也许就是因为爸爸没有像她想要的那样飞速行动。不管怎样，这位小姐去了车库，自己拿了自行车。结果呢——我的车被剐了，车的右侧从前到后一长条。一部分大概可以打磨掉，其余的弄不了。真是气人。其实也就一两分钟的事。我老公只去了趟洗手间。她有很多时间，她的弟弟也还没有收拾好——他们俩一起出发上学。她就是不想等，她觉得干等着太傻了，她想自己做主。十岁的孩子等几分钟应该没有问题吧，我认为这种要求不算太高。她也知道自己惹麻烦了，所以她一转眼就自己骑着自行车走了——就在我丈夫出来的时候。放学后我当然问她为什么要这么做，她是怎么想的。我很生她的气。她说，她什么也没想。她只是想要她的自行车。真行，一句后悔的话都没有。我看着她的表情，差点儿忍不住要发脾气。

现在应该怎么办？我和我老公现在想禁止莉娜骑车一个星期。把自行车锁上，不让她骑了。她只能走路上学，这是她自找的。我觉得这种惩罚对她来说还算是轻的。

莉娜没有想更多，她只是想快点儿拿到自行车。她着急。也许她还觉得父母定的规矩是多余的，因为她认为自己已经够大了，可以一个人把自行车从车库中推出来，不会造成剐蹭。因此她进行了尝试，结果搞砸了。

不需要进行深入的解读，莉娜只是没想那么多。这可能发生在世界上任何孩子身上。我记得自己大约九岁的时候开始打手球。有一天下午，我在家很无聊。妈妈在做饭，兄弟和朋友出去玩了，爸爸坐在客厅里，正在忙活一个项目。我有一些塑料实心球，我觉得扔它们可以提高我的投掷技术。由于自己的房间太小，我把儿童房的窗户打开了。房子前面有一条单向街。汽车停在路边，再后面是一大片花圃，种了很多灌木。完美，我想，我可以试着把实心球扔过马路，扔到花圃里去。说到做到。我还记得当我击中目标时，心里有多高兴。我累得都出汗了，完全沉浸其中。但是，有一个球没有达到计划的高度，而是咚的一声掉在汽车的车顶上。我想："太酷了，我不但可以训练投掷距离，还可以训练自己的准头！"于是，我开始往车上投。

你们的眉头皱起来了吗？现在我已经长大了，我也认为那是一个愚蠢的主意。但是我可以向你们保证，那时候我从来没有想过，那时候的人买一辆汽车很不容易，所以对待汽车像珍宝一样。对我而言，那只是一个刺激的游戏。

该发生的一定会发生：不知道什么时候，一个陌生的成年人注意到了我，并愤怒地从楼下喊道："你在干什么？"我吓得赶紧蹲下，希望他能走开。但是，由于窗户仍然开着，而且所有公寓楼结构都一样，因此他只需要数数是哪排窗户，就知道应该按哪家的门铃。我感到大人们气极了。他们和我谈话，从他们身上散发出一阵阵强忍的和公开的怒气。他们让我去灌木丛里找实心球，以便可以评估它们可能造成的损害。同时，他们寻找周围的汽车上油漆损坏的地方。我回来时身上到处都是泥土和烂树叶，手里攥着一把硬塑料球，每个直径约五厘米。我故意隐瞒了其余的球。我很清楚：我惹麻烦了！我匆忙地在土里埋了大约二十个球，这些东西不会腐烂，现在肯定还能在我父母房前的灌木丛中找到。我不记得事情是怎么结束的，我是否受到了惩罚，我的大脑没有存储下来。让我印象深刻的是，我父亲非常生气和失望，而我在玩的时候确确实实"什么都没想"，只是想提高投掷技术。后来我才意识到我的游戏有多么愚蠢，而这种意识是看到大人生气之后才出现的。

当然，我们每个人都可以列举出一系列孩子做的傻事：用石头划汽车、用灭火器玩泡沫大战、从邻居花园里摘花送给妈妈……但是，我们的观点很明确——当我们问孩子："你当时是怎么想的？"如果他们回答说"我什么都没想"，那可能是实话。他们确实没考虑更多。

是不是应该惩罚不当行为？

莉娜的父母决定把女儿的自行车没收一周作为惩罚。在他们看来，这似乎是"逻辑上的后果"，因为毕竟是女儿的自行车造成的剐蹭，但这对任何人都没有什么帮助。如果实施惩罚，受到伤害的人伤害仍然存在，造成伤害的人也受到了有意的伤害。也许是为了让他"自己感觉一下好不好受"，但是，这种以牙还牙的态度将怨恨带入了家庭关系。除了良心受到谴责以外，孩子还感到羞耻。他必须屈从父母的意愿并接受惩罚，因为他依赖于父母。因此，孩子身上可能会出现复仇感。这种方法并没有鼓励人去正视自己的行为存在的问题。惩罚更有可能使孩子将注意力集中在父母对他的不公平对待上，毕竟，他并不是故意造成的伤害。

有许多研究着眼于惩罚的效果。加拿大蒙特利尔麦吉尔大学的维多利亚·塔尔瓦尔领导的一组研究人员发现，如果威胁孩子，说撒谎会有负面后果，这些孩子会更倾向于撒谎而不是说实话。在一项实验中，实验人员将372名四至八岁的儿童单独带入一个房间。房间里有一张桌子和一个玩具。孩子们被要求站在桌子前，不要转身（即使如此，三分之二的孩子仍会转身）。一分钟后，研究人员回来了，他们问孩子们是否转过身。有些人受到了威胁，如果他们撒谎就会受到惩罚。其他人被告知："如果你诚实，我会很高兴。"结果是，受到威胁的孩子中撒谎的比例明显高得多。而那些社会意识被唤醒、被提倡说实话的孩子大部分也确实这样做了。

以色列研究人员的一项研究还表明，惩罚有时会产生相反的效果。实验中的父母受到罚款的威胁，以让他们更准时地将孩子从幼儿园接走，结果是父母们准时到达的次数更少了——毕竟，罚款让他们觉得在道德上已经得到解脱，没有必要再为迟到愧疚了。如果父母以前出于道德的考虑准时到校，他们现在认为罚款可以充分弥补迟到的过失。另外，罚款的做法废除后，父母也没有像以前那样准时来，还是像罚款时那样晚。

对儿童的惩罚也会产生类似的效果——父母的惩罚被视为减轻了负罪感。在接受惩罚后，他们认为自己已经"赎罪"了，不再有必要处理其行为的道德方面。我在自己的学校较小的范围里观察过孩子们说"对不起"的情况。当一个孩子故意给另一个孩子造成损害时，我的学生中很少有人在说抱歉时感到真正的懊悔，很少会努力设身处地地替别人着想。通常，他们的眼睛看着成年人，随便喊一声道歉，并认为这就足够了。我当然明白，他们并没有意识到这还不够。他们从大人那里学会了这个程序。"说对不起！"大人经常这么要求他们，甚至在他们还不能从别人的角度考虑问题的时候。因此，"抱歉"成为一句空话。从表面上看，他们按照社会希望他们的方式行事。但是，其背后的真正含义——了解对方的处境和真正的懊悔——并没有传授给孩子。

研究一致指出，从长远来看，惩罚和施加"逻辑性后果"不会有任何效果。儿童心理学家兼教师海姆·吉诺特在他的《教师与儿童》一书中总结道："行为不端与惩罚并不相克，而是相生相长。"但是，我们应该对愚蠢的或故意破坏规则的行为做何反应？我们难道不应该校准孩子们的行为吗？如果没有人告诉他们对与错，那他们怎么才能知道如何按照社会规范行事呢？

惩罚的替代方法

父母惩罚孩子，不是因为能够制服比自己弱小的人而感觉良好，而是希望把他们塑造成正派的人。为了实现这一教育目标，他们需要能替代惩罚的方法。这些方法即使不是更好，也一定能发挥作用。

我们认为，同理心和弥补是特别合适的。同理心是建立体谅型社会的关键。如果我们教孩子从受害者的视角看问题，而不是惩罚他们，他们的道德指南针将自动调整，检查自己的行为是否伤害他人。或者说，我们不应该让孩子们失去同理心，因为正如马克斯·普朗克进化人类学研究所的研究人员在实验中发现的那样，孩子来到这个世界上就带有一种非常友爱和包容的世界观。他们对三到五岁的孩子进行了实验，向他们展示了一个洋娃娃如何从另一个洋娃娃那里拿走小熊软糖、笔或者玩具。科学家们对孩子们的反应很感兴趣——他们提供了多种行动方案供孩子们选择。大多数孩子选择了将物品退还给"受害者"。如果那不可能，他们至少会将物体从"掠夺者"那儿拿走，使它无法使用这个物品。研究人员由此得出结论，儿童主要不是在惩罚"施害者"，他们觉得更重要的是恢复"受害者"的原始状况。这真是一个奇妙的符合逻辑的想法！如果放在莉娜的情况下，汽车被自行车刮坏，女孩可以和她的父母一起尝试擦掉划痕，这样做会比惩罚好得多。一方面，父母受到的损害会少一些。另一方面，莉娜也不是必须受到惩罚的"施害者"，而仅仅是因为漫不经心而有了过失的人，她并非出于恶意，而且还尽力消除这一错误的后果。两者的差异，虽然十分细小，但这种区别对待会对孩子的自我形象产生巨大的影响。

内在的自我形象对我们的行为具有决定性的影响。各种研究表明：一个人如果坚信自己是一个有社会性、友善的人，他的行为也会是有社会性和友善的，即使他要为此付出努力或成本。如果由于不断的负面反馈而形成了负面的自我形象，人也往往会倾向于在行动时对应这种形象。最要命的是，孩子们的行为大多不是"干坏事"，但经常被成年人误解，怀疑他们有恶意，其实他们根本没有。

当你回想童年，回想挨骂或受到大人惩罚的情景，你可能会记得一种不公正的感觉。你真的是故意挑衅或破坏东西吗？还是成年人没有掌握所有情况，而假设你有那些根本不存在的动机？当孩子无意间做的事情或无意中造成的损失被视为"他是个坏孩子"的证据时，他怎么能保持积极的自我形象呢？那些反社会的成年人，他们负面的自我形象和相关的行为模式之所以固化难改，常常是因为他们的行为和周围人的反应长期、复杂地相互作用。因此，成年人必须谨慎看待所谓的不当行为，不要轻率地把它们归类成负面的，并进行惩罚。因为那样做可能会让预言自我实现，自己创造出一个"顽皮的孩子"。所以当家长再遇到小孩子做的蠢事，应该从最好的、最无辜的动机出发。情况往往也确实如此。

在南非部落巴贝姆巴，违反规则的人不会受到惩罚。相反，人们会对他的自我形象施加影响：所有成员，无论年龄大小，都站在他的周围，一个接一个地告诉他，他们喜欢或爱他身上的哪些东西。他们讲的都是真实的个人感受，绝不夸张。他不需要为自己的罪行赎罪，而是被大家提醒，他是个多么好的人。每个人的讲述结束之后，大家就开一个庆祝会。多年来，我在我的班上也使用这种方法。如果发生了涉及"施害者"和"受害者"的事件，我会请全班其他成员（首先自己默默地）考虑他们对两个孩子的哪些方面比较喜爱。也许他们能想到一些小事，比如那个"作案者"曾经友好地帮助过他们，或者与他们交谈或玩耍过。而对另一个孩子（"受害者"），他们要更多地想想他那些强大、有力或有领导力（但友好）的时刻。在同学开始讲述他们的正面经验之前，我通常会单独与两个吵架的孩子心平气和地交谈。我既不责骂，也不惩罚。对话既友好又专业，但是我知道孩子们需要全神贯注。我们会通过以下四个步骤来处理这个事件：

时间轴：什么时候，在什么地方，与谁一起发生？

首先，我们创建事件的时间轴，这通常并不容易，因为事件的过程与孩子们的感受混合在一起，会在记忆中变得混乱。但是，为了识别行为的触发因素，最重要的是，识别情况还有可能回转的那个点，需要孩子一定要回忆起事件实际的顺序。因此，我会在一张纸上画一条线，并标记出"爆炸"，即吵架开始的时候。然后，我们逐步讨论所有细节，也就是在吵架之前发生的一切。谁参与其中？谁说了什么？孩子们站在哪里？跑到哪里去了？找到行为的触发原因很重要，因为了解自己的"触发器"对于孩子未来的发展至关重要，今后他们可以避免这种情况。对于"惯犯"，我通常不仅会寻找触发因素，还会寻找行为背后的原因，并尝试基于长远目标解决问题。

涉及什么感觉？

接下来，我将谈话重点放在显示孩子生气的身体信号上。在时间轴上的每个点，我都会问他们记得什么样的身体信号。大多数学生还没有学会说出自己的感受，更不用说将其与信号联系起来了。但是，只有注意到暴力开始的时刻，才能摆脱暴力的旋涡。如果只是耳朵变热，脖子后部的头发竖起，心脏疯狂跳动或嗓子发紧，通常还有可能转身离开，摆脱这种情况。如果眼睛发红，或耳中有刺耳的声音淹没了所有清晰的想法，则说明孩子已经陷入了愤怒，几乎无法停止了。我会与孩子们讨论这种联系，以便他们学到可以在何时摆脱困境。

对于遭受同学袭击的受害者来说，这一点也很重要。我多次发现，孩子会出于不确定或恐惧而微笑，而在某些情况下，微笑是绝对不合适的。微笑实际上意味着我们喜欢某种东西。如果不喜欢某事甚至害怕时，则必须非常了解自己的身体信号，才能发送正确的信息。我印象最深的是在上游泳课时，男孩和女孩一起游戏，他们本来关系不错，男孩"为了好玩"，会把女孩按到水下，尽管时间很短，但女孩们显然感到不舒服，但她们却笑着吐水和吱吱怪叫。男孩们会继续，因为他们以为，女孩们也觉得这很好玩。然后当第一个女孩开始哭泣或向老师抱怨时，男孩们会惊讶万分，不知所措。这种矛盾的信号及其引发的困境我也会跟孩子们加以讨论。

唤醒同理心

我们已经多次提到，只有能够正确解释他人的面部表情和手势，共情才有可能。这就是为什么我们在谈话中努力回忆另一个孩子的面部表情，或其他有助于认识到这种情况不舒服的信号。在这里，我也将时间轴用作回忆的辅助工具。有时我会模仿面部表情或姿势，以便学生在平和的情况下对其加以认识。我们还讨论一些细微的迹象，比如双臂交叉或上半身向后倾斜等表示防御的姿势。我们认真地考虑并表达出来，对方应该有何感受。对他人真正做到感同身受是这个练习中最重要的一点。

下次呢？

大多数学生通常都觉得这一点是最容易的，因为他们从理论上已经了解了如何做得更好。他们可以熟练地背诵校规、班规，因为这些他们早就学过了。过去每当发生冲突时，成年人也会提醒他们注意适用的社会规范。这些都很好。但是，如果没有预先训练基本技能（识别感觉、转换视角、与他人共情），只了解规则是不够的。仅仅了解或记住一条规则，只是为采取其他做法做了准备。我与学生讨论：我的行动目标是什么？我如何尝试实现它？这种解决方法对所有人都公平吗？这种方法安全吗？奏效了吗？我可以用另一种方法吗？这种新的方法对所有人都公平吗？其他人对新方法有何感受？这种新方法安全吗？能行吗？如果发生事故，我该如何弥补？有时我甚至和孩子们进行角色扮演，练习这种新的方式。

总体而言，这样的对话需要三十到六十分钟，而且绝不像探囊取物那样简单。但是这样做，孩子们既不会感到羞耻也不会受到惩罚。之后，我们回到课堂时，其他学生已经有足够的时间考虑他们想讲的故事了。两个发生争执的孩子现在被包裹在爱与赞赏之中。以我的经验，这种方法比称赞好行为和责备坏行为更为有效和持久。

顺便说一句，有的孩子一开始受到赞赏会感到不好意思。他们会说傻话，或表现得很酷而不是注意去听。这并不意味着他们不想听。通常，这表明他们过去曾被标记为"坏"或"异常"，并且已经将这种形象内化了。孩子年龄越大，改变这种负面的自我形象就越困难。但是不要沮丧，不要放弃。

我的孩子没有悔意！

孩子没有表示悔意并不意味着他们没有感到任何悔意。既然大多数孩子都是通过模仿来学习的，那么大人首先要问问自己，你的孩子是否见过有人公开表示悔意或内疚？哪些面部表情和手势可以清楚地说明这一点？你们自己有没有在孩子面前表现出过悔意？

我的女儿们有一次出门玩，回家时发现家门钥匙不见了。我让她们回游乐场去找，但她们还是两手空空地回来了。这时我有点儿着急了。如果钥匙丢了，我们必须花很多钱来换锁。我急切地问两个女孩子，她们最后一次看见钥匙是在什么地方。但两个人坐在床上，显然都漫不经心，对我的问话爱答不理。"不知道，不记得了。"能看出来，她们对我的询问感到不舒服。她们不想管这件事了。这使我很生气。丢钥匙这种事谁都有可能碰上，但是应该全力以赴去找，不是吗？但她们没有。我让她们在家里找，大人在外面打着手电来来回回地找。两个女孩漫不经心地在所有房间里转了一圈，大致扫了一眼，然后就躺在床上，说她们筋疲力尽了。这真是让我怒火中烧。我希望看到她们能投入一点儿，弥补一下她们的过失。那天晚上钥匙一直没有找到。

第二天早上——我仍然对她们的漫不经心窝火——我在我们的"魔法信

箱"中（当孩子们还相信有魔法时，他们通过这个信箱跟魔法世界的人通信）发现了两个女孩花了很大力气在夜里写的一封信。她们请求圣诞老人和复活节兔子帮她们找钥匙，因为它们可以施魔法，所以肯定知道在哪里可以找到钥匙。这封信让我感到既可爱又心碎，我忍不住哭了起来。她们肯定不是漫不经心。她们很担心，也感到内疚，只是还不知道怎样表达出来。

有些孩子不再感到悔意，但是你们的孩子不会是其中之一。因为必须发生很多创伤和严重的伤害，孩子才会失去对与错的感觉。更大的可能是，你们的孩子感到内疚，但由于良心不安而无法表达出来。因为当感情过于强烈，要压倒一切时，我们会通过替代行动来保护自己。有些人会变得特别吵闹和愚蠢，有些人会突然用婴儿语言说话，有些人故意装作无动于衷，有些人则不停地抱怨，把责任推给其他人。从孩子的角度来看，降临到他们头上的罪责感是如此之大，以至于行动和相关的情感都被完全压制和遗忘了。这些是在下意识中运行的应对策略。如果你们知道这一点并且对自己的孩子也十分了解，肯定能察觉到孩子的悔意。

顺便说一下，当天我们找到了钥匙——女儿还是把它带回来了，也挂在了钥匙板上，但是钥匙掉了下来，滑到了一个箱子的后面。

帕斯卡：不听话的孩子

当孩子不"听话"时，有三种可能的解释。第一种可能，他确实听不见，可能周围太吵或耳朵被堵塞。另外一种可能，他听到了你的话，但是由于之前已经多次配合了家长，现在他的自控能力用尽了。我们已经解释了这种现象，心理学家罗伊·鲍迈斯特在1998年将其描述为"自我枯竭"：简而言之，如果一个人必须在一天中一次又一次地抑制自己的冲动，他对行为进行自我调节的能力会降低甚至耗尽。如果孩子一整天在学校里都很"听话"，即遵守成年人的规定，放学回家后，如果父母再要求他安安静静地坐着，他可能无法再听父母的话。自我控制是大脑的有限资源，需要休息才能得到补充。

你们还记得我们在之前举的与家人一起吃晚餐的例子吗？尽管父母一再要求孩子们安静，他们还是捣蛋。在学校忙了一天之后，孩子们的自我控制能力很可能消耗殆尽了。因此，这些孩子的大脑迫切需要休息，为了满足这一需求，他们就干傻事、傻笑。这种时候要求孩子规规矩矩的，就是要他们付出超人的努力。如果在重要的家庭庆典中，你们也许可以要求孩子做到这一点。但是在日常生活中，考虑到父母和孩子双方的需求，我们认为找到一个双赢的妥协方案更为有利。仅仅因为大人认为，孩子需要学会体谅他人，就强迫他们采取高度顺从的行为，这样做根本没有必要。我们甚至可以颇具挑衅性地说：做这种事情的父母显然自己并没有学会体谅别人，因为此时此刻，他们将自己的需求置于子女的需求之上。当孩子感到别人体谅自己时，他们更容易学会体贴。

但是，我们还有对孩子有时会"不听话"的第三个解释：因为我们大人跟孩子说话的方式没有触及孩子的内心。六岁的帕斯卡和四十岁的马里奥的例子就表明了这一点。

周末我和儿子帕斯卡一起在游乐场玩。他今年六岁，即将上学。不巧的是，唯一的秋千被占用了——一个三岁的女孩坐在上面已经有一段时间了。所以我对帕斯卡说，他必须等一等。他一听就有点儿不高兴。他嘟嘟囔囔、哼哼唧唧地说，他想荡秋千。当然，这让我很烦，因为我觉得他已经六岁了，完全可以等一下。对我来说，孩子学习这一点很重要。这个女孩是跟爸爸一起来的，在那里待了好一阵子，那位爸爸也没有给我儿子腾出地方的意思。我也没办法。帕斯卡开始哭哭啼啼起来，我也越来越烦。我虽然能理解他想去荡秋千，但我们也不能把那个女孩赶下来。那样做可不行。她比我儿子小得多。正如我所说，等待是一种需要学习的美德。

大约十分钟后，终于轮到帕斯卡了，他高兴地开始荡起来。我以为现在一切都好了，我终于可以看报纸了。但是过了不一会儿，一个八岁左右的男孩来到秋千边上等着玩。这让我非常紧张，因为我看到帕斯卡一点儿也没有停下来的意思。我告诉帕斯卡，他可以再荡五个来回，然后就轮到那个男孩了。他似乎是一个人来的，父母不在身边，所以我也想帮他一下，让两个男孩和平相处。老实说，我宁愿坐在长椅上而不是当裁判，但我也不希望游乐场上的爸爸妈妈们对我儿子留下坏印象，因为他实际上是一个非常可爱的孩子。当然，我也可以理解帕斯卡想继续荡秋千。荡秋千很棒，我小时候也很喜欢。但是有时候，人需要硬着头皮做一些不想做但是"正确的事情"。而体谅他人就是正确的事情。

因此，当我说要轮到那个男孩时，帕斯卡假装听不见我的话。他倔强地又荡了不止五个来回。起初我还能保持冷静，但是当他荡到第七个、第八个来回时，我真的生气了。他在想什么呢？我是因为想气他才把他从秋千上赶下来的吗？我看出来了，他不会自愿从秋千上下来，他就是不想听我的话。所以我用手抓住了秋千，因为我觉得他太过分了。

这一下可麻烦了，我儿子转身就跑，还冲我吐舌头，简直太没有教养了。他把灌木丛上的叶子扯下来，把别的孩子建的沙堡踩坏，嘴里还喊着脏话。我的天呐，不就是个秋千吗？至于这样吗？他的表现让我在其他家长面前抬不起头来，我真想抓着他好好摇晃摇晃，让他清醒清醒。当然我并没有这么做。我也抓不住他，他总是躲着我，藏起来。他大声冲我喊道，我是世界上最坏的爸爸，禁止他做这做那。简直了！根本不是真的。我允许他做很多事情，但是超过一定程度就不行了，他就要听我的了。我不想用我父母的方式来教育他，但是如果帕斯卡就是不听我的，我该怎么办？

十多年前，当我开始在学校工作时，一夜之间我身上发生了奇怪的变化，我成了"老师"。我买了好看的新衣服，我认为这可以烘托我的教师角色。我不再背双肩包，而是带了一个挎包。在精心备课时，我非常仔细地考虑，我应该说什么以及学生可能会回答什么。尽管学校的孩子们都非常热烈地欢迎我，但是一开始我还是很难让他们听我的话。我的话无法抵达他们的内心。

于是我开始听同事的课。我很快发现了一件事情：有些老师能神奇地让孩子们认真聆听，乐于合作并总体保持安静。而有些人则必须施加很大的教育压力，用表扬和惩罚才能把课上完。我花了一段时间才意识到，区别主要在于以下事实：有些同事本色地行事，而另一些同事则把他们个人的思想和情感隐藏在教师的角色后面，而且把孩子看成是"学生"，也就是教学对象，而不是有个性的主体。这样一来，他们建起了一道看不见的墙，对学生来说就变得比较难以把握，就像我刚当老师时遇到的情况。

当第一个孩子出生时，家长通常会遇到类似的问题。突然间，我们担当了父母的角色，说的和做的都应该有"父母"的样子。所以，我们不再以卡嘉或丹妮勒或托马斯的身份与我们的孩子说话，而是以父母的身份与他们交谈，并将我们真正的自己隐藏在职能后面。我们甚至会在这条路上越走越远，以至于我们认为的与我们作为父母所说的完全不同。比如例子里的马里奥，很明显他实际上是想坐在长椅上安静地看报纸，并且让儿子好好地荡秋千。但是作为家长，他还是干预了，因为他认为，这样做是符合社会规范的。

当我们作为父母而不是个人时，我们有时会发出矛盾的信号。那时我们的孩子无法真正地感觉到我们，因为孩子的行为在很大程度上是被大脑中的镜像神经元激发的，所以当成年人的潜意识信号与他们的言语矛盾时，事情就变得困难了。

马里奥下意识的姿势、面部表情和手势表明，他实际上站在帕斯卡一边，并认为他的儿子现在可以尽情地荡秋千。但他有意识的举止和言语却恰恰相反——而这些是他的儿子应该听的。孩子越小，他们对我们的言语而不是对我们的潜意识信号的反应就越困难，因为他们的直觉还没有受到理性思维的强烈影响。大一点儿的孩子已经学会了更多注意成年人说的话。

我们可以从这个例子中看到，马里奥想要"教育"他的儿子。这本来没有什么不对，他想教儿子帕斯卡宝贵的道德原则和美德。一方面，他希望帕斯卡学会等待；另一方面，他希望男孩不要自私自利，要与其他孩子分享游乐设施，应该体谅他人。这些都是很好的教育目标，我们可以理解为什么这些对他很重要。只是，他是从父亲的角度传达这一信息的，想教他的儿子符合社会规范，希望帕斯卡以一种社会上可以接受的方式与其他孩子达成协议，这样一来，马里奥这个愿望就离开了个人的（对孩子来说也是十分重要的）层面。他在教育的元层次上行动，在该层次上，"等待是一种美德""孩子们必须学会体贴"且"应该硬着头皮做正确的事情"。如果我们以刻意的方式来读马里奥的这段话时，很快就会意识到，这样的话对我们的孩子来说是多么空洞且毫无意义。它们不会在孩子的大脑中产生共鸣——不会触动他们。但是，这些话经常从父母的口中说出来。

我们当然可以通过这种方式向孩子传达良好的社会价值。如果有人告诉我们的父母、祖父母和曾祖父母，不要让自己成为"对象母亲"或"对象父亲"，应该以本真的、清晰的内心，作为有个性的主体与孩子们交谈，他们肯定会笑掉大牙。甚至在孩子们见到父母要尊称"您"，称呼他们为"父亲大人"和"母亲大人"的时代，教育仍然能发挥作用。但是这时，大人需要外界的支撑，比如固定的规则。

清晰的内心与外部的规则

我们做父母的经常被告知，我们的行动必须一以贯之，以便我们的孩子能够学习良好的社交行为。在大多数情况下，专家所说的"一以贯之的行为"是指在某些情况下，我们应始终以相同的方式做出反应，以便孩子们清楚地看到，哪些是允许的，哪些是不允许的。

我不知道你们怎么想，但我一想到，我必须始终做出相同的行动，就会感到很别扭，尽管这个道理我也明白。我认为，如果无法根据一天里的状态或时间来采取行动，会对我的生活质量构成极大的限制，我又不是机器人！比如有时候，当约舒阿在浴室里玩水、玩注水炸弹，或向他的姐姐们发射水枪时，我会感到很高兴，因为他们高高兴兴玩的时候，我有时间安安静静地做饭。而换了一天，我没心情收拾，很快又会有客人来，那我对玩水就不会那么喜闻乐见了，因为我知道，一会儿收拾浴室对我来说太费力了。

如果我用外部规则来教育孩子，就必须规定，禁止在浴室内玩水，因为我讨厌事后的打扫工作。或者允许孩子们在浴室里玩水，那即使我感到疲倦和压力山大，这条规则也应一直适用。或者我可以制定规则，只允许在淋浴间内玩水，可以把混乱限制在小范围之内。

因为我使用外部规则，对我的孩子们来说，我就是"教练"，而且作为"裁判员"，我必须确保孩子们遵守我的规则。如果他们违反了我的规定，我就要严肃地跟他们谈话。因为如果我不检查自己的规则是否得到遵守，孩子们很快就会注意到，我不是认真地对待这些规则，他们也开始不再认真地对待我："虽然妈妈制定了规则，但是如果我们不遵守规则，也不会有麻烦。"这种宽松的态度会完全毁掉自己的权威。因此，如果我制定了规则，就必须坚持不懈地执行并保证孩子们遵守。对我来说，这听起来难度太高，因此吸引力不大。此外，采用这种方式时，我内心的真实态度（我觉得玩水有时很好，有时不好）没有得到全面的反映。

但是，如果我不是以家长的身份教育孩子，而是以一个叫卡嘉的人的身份，那我内心就很清楚自己的意愿，也可以向孩子指出我个人的界限。我可以干脆地说："听着，约舒阿，我们的客人很快就要来了，我不想浴室里湿乎乎的。今天你找其他东西玩吧。"我甚至不需要检查他是否完成了我的请求，因为我可以确定，他的镜像神经元会从我真诚的信号（我真的希望今天浴室里不要湿乎乎的）出发，导出一系列相应的行为。同时，我也无意识地向他传达了我对他的信任。正如我们在《叛逆期关键养育》中详细解释的，孩子们天生希望合作，因此在大多数情况下，约舒阿都会满足我的要求。

即使他还是搞得水花四溅，我也不必责骂他，因为他没有违反任何规则。我当然会生气，向他抱怨，甚至不满地要求他把地板擦干，但这对于他的前额叶皮层来说甚至是好事而且很重要。大脑的这一部分收集了自己的行为和他人的反应之间的因果关系，就会得出社交互动的规则。因此，如果约舒阿不遵守我的要求并且不合作，他会从这个情形中感觉到我很恼怒。但是，这不会对我儿子的自我形象产生负面影响，因为我不会将他描绘成规则破坏者，也不想忧心忡忡地教他"必须学会体谅"。

在我们家，只要不危及生命，基本上什么事都可以做，我的孩子们知道这一点。但是，一个人的自由应该结束于另一个人的自由开始的地方，这他们也知道。这意味着，如果我这时不喜欢有人在浴室里玩水，我会告诉他们。我的行为完全一以贯之。我的孩子们学到："每当有事情困扰我妈妈时，她都会说出来。"他们还了解到，我并不总是心情愉快或有同样的耐心，他们知道我也是人，他们学会了体谅。当然，有事困扰他们时，他们也可以说出来，这时我就要体谅他们了。这是一个给予和接受的关系。

如果我用外部规则来教育孩子，那么他们将了解到，世界上存在着规则并且必须遵守规则，否则会遇到麻烦。这是一个不错的人生哲理，因为遵守规则在我们的社会中确实非常重要，但是我的孩子并没有通过我学到什么，我真实的内心被隐藏在规则的后面。他们不会学会关注我的需求，因为我不必表达它们。他们不会学会考虑对方当时的状态。"我不能那样做"和"这使另一个人不舒服，所以我不会那样做"，两者之间是有区别的。

社会惯例

我采取的这种方式，有时候也会遇到麻烦。比如，我个人认为做某事没有问题，但我知道，社会却认为这是不合适的，就像孩子攀爬地铁里的扶手。过去，我的孩子在这种情况下确实有不听我的话的情况——我的潜意识信号与我嘴里说出的话不相符。这是不利于解决问题的，因为我当然希望他们遵守普遍的规则。

我后来解决了这个难题，因为我认真思考了一下，这种情况中到底是什么困扰着我。我的真实感受是什么？多数时候，我对旁观者将我的孩子看成是没有教养的熊孩子感到不自在，所以我相应地改变了自己的交流方式。我不再说"别攀爬扶手了，那是不允许的"，而是说"别攀爬扶手了，我不想让其他乘客受到你们的打扰"。这样的说法更贴近我的本心。这一要求表达的是卡嘉的情感，所以一下子就让孩子变得听话了。

我的孩子们（就像其他孩子一样）通过这种方式了解到，社会上有规范，必须遵守这些社会规范：不要在地铁里做体操，或者穿着鞋爬到座位上；不要在餐厅大喊大叫；不要在面包店排队时加塞，因为这会打扰其他人。这样，他们学会了体谅他人的界限和感受。

现在，如果我离开个人的层面，只作为妈妈说些空洞的套话，我自己很快就能察觉到，我的孩子这时候不怎么听我的话了。一旦我作为卡嘉向他们提出发自本心的愿望，他们的举动也会突然发生改变。孩子自己甚至都没有意识到这种变化——他们只根据我是否能使他们的镜像神经元产生共鸣而做出直觉的反应。我只需要以个人身份与他们交谈，而不要把自己隐藏在家长的职能后面，那么事情就会顺利进行。

父母必须总是步调一致吗？

我们做父母的经常被告知，在教育孩子方面，我们需要步调一致，以免给孩子造成混乱。如果一个人说东，另一个人说西，小孩子们怎么才能知道什么是允许的，什么是禁止的呢？

在这里，我们当然可以看到论点背后所谓的逻辑，但是我们认为，它首先适用于使用外部规则的教育。因为，如果我们的出发点是，爸爸妈妈是具有不同偏好和宽容度的个人，他们当然会设立不同的规则。那么，对孩子隐藏自己的观点以便与伴侣"保持一致"，难道是展示真我吗？

事实是，如果父母决定作为成年人为孩子制定外部规则，那么步调一致会更方便，因为既定的界限经常受到一般人尤其是儿童的质疑。

反抗约束是一种需要，这几乎在所有动物身上都能观察到。面对一个更强大的对手，感到自己无能为力，会导致大脑中产生不愉快的不连贯性，必须不惜一切代价加以预防。进化生物学家李·嘉瓦瑙发现，被囚禁在笼中的小鼠在防御实验操作上投入了大量的时间和精力。对它们来说，比性、食物和水更重要的是，反抗笼子外面的人。例如，如果研究人员打开灯，老鼠会把灯关上。如果研究人员关掉了灯，老鼠只有在设法再次打开灯后才能安静下来。心理学家马丁·塞利格曼在他的《习得性无助》一书中写道，他认为，反抗强制是一种克服无助的需求。由于无助状态会引发恐惧和沮丧，因此避免这种情况的任何活动也有助于避免令人不快的情绪状态。这种现象不仅存在于儿童和小鼠身上。纽约地铁公司曾想禁止大狗进入地铁，所以乘客须知里规定，只能携带能装进袋子里的狗。当然，他们指的是很小的宠物犬。纽约人做出的反应是幽默的抵抗：就像互联网上的大量照片所示，他们将巨型雪纳瑞犬、纽芬兰犬、罗威纳犬和金毛猎犬装在远足背包或超大的提包里。

回到人的角度：例如，如果规定儿童必须在晚上七点钟上床睡觉，那么他们通常会想尽办法不照着做，一会儿他们从房间里跑出来想要喝水，一会儿又说床底下有妖怪，父母很难防止这种事情的发生。如果某天妈妈出门了，爸爸允许孩子们八点再上床，那么第二天几乎肯定会发生对七点钟睡觉这一规则的抵抗行动。"但是昨天爸爸允许我们……"妈妈一下就变成了坏人，因为她"什么事情都不允许""总是那么严格"。真令人沮丧，伴侣之间的争吵是不可避免了。因此，确实应该建议父母采用相同的外部规则，否则会产生不必要的摩擦。

如果父母根据他们当日的状态、喜好或当前容忍度的高低分别做出反应，那么他们可以说朝东或朝西，他们的地位也不会动摇。因为这个东和西来自不同的需求，这些需求又必须相互权衡：假设孩子们还不困，想多玩一会儿，而妈妈忙了一整天，想休息，但爸爸还有精力，那妈妈就可以回自己的房间看电视或看书，而其他家庭成员则可以继续玩耍。五岁的孩子已经足够大了，可以接受妈妈需要休息这种情况。这样，所有人的需求都将得到满足。如果父母的需求是单独度过一个晚上，但是孩子们不想睡觉，那么孩子们将不得不自己玩耍。在这种情况下，必须找到一个解决方案，才能使每个人都满意地度过这个夜晚。具体如何权衡每个人不同的需求，我们将在"从家庭灾难到双赢妥协"一章中更详细地描述。

不要超出目标

让我们回到马里奥和帕斯卡的那个例子，问题不仅仅在于帕斯卡不听爸爸的话，他还爆粗口，甚至故意挑衅。在读这个例子时，你们一定已经注意到了，是什么使这个男孩火冒三丈。

这个情况的关键点是，马里奥在很短的时间内连续发出了两个相互矛盾的教育指令，他的儿子认为这是双重标准。一次是，帕斯卡应该等到另一个孩子自发地停止荡秋千，因为那个孩子比他小。另一次是，他坐在秋千上并且年龄较小，却突然被要求早早地停止荡秋千。在这种情况下，规则突然变成了"荡秋千的人有义务在一段时间后让出自己的位置"。但是，对于之前的女孩来说，这个规则并不适用——按照爸爸的说法，当时，等待的孩子（帕斯卡）必须一直忍着，直到女孩不想荡了为止。

当然，父亲的两项规则——等待和体谅——本身都是值得称赞的，孩子们最好将其内化。但是，当马里奥想在一种情况下传达两项规则时，就超出了目标。他的儿子敏锐地感觉到父亲的矛盾言论，觉得自己受到了伤害。其他两个孩子想玩多久就可以玩多久——小女孩的父亲不想着说服她下来，大男孩也没有帮他干预的成年人在身边。只有帕斯卡不得不等待，然后又得突然停下来，因为他的爸爸想要他那样。他当然会生气并情绪失控，因为他觉得，自己的爸爸偏向其他的孩子。

因此，如果马里奥在荡秋千时只传达一种规则，效果可能会更好：要么等到坐在秋千上的孩子自己玩够，这样，尽管八岁的孩子正在等待，帕斯卡还可以继续玩下去；要么那个荡秋千的孩子应该过一会儿就下来，把秋千让给等待的人。那马里奥就应该鼓起勇气与小女孩的父亲交谈，请他的女儿把秋千让给自己的儿子。显然，马里奥甚至没有注意到他让自己的儿子吃了亏，这就是为什么当帕斯卡大发脾气时，他感到如此困惑和愤怒。对于家长来说，一下子就发现问题所在并不总是那么容易。这也没什么大不了的，人都会犯错误。但是，当事情失控时，我们不应该想也不想就把责任推到我们的孩子头上，而要考虑，我们自己是否也有责任。儿童很少会行为不端——在大多数情况下，他们的行为都有很好的理由。如果责任在于家长，那我们就要向孩子道歉，这不会让我们丢人，没有人会因为承认错误而失去尊重。

朱莉：偷窃、说谎与道德发展

当孩子做一些违反社会道德准则的事情时，几乎所有的父母都会担心，孩子会不会朝着让人忧虑的方向发展。这种担心其实没有必要，因为在特定框架内（尤其是在特定年龄段）跨越社会界限（比如偷窃和说谎）是完全正常的，并且与道德发展密切相关。三十七岁的弗莱娅和七岁的女儿朱莉的例子说明了这一点。

我非常担心我的女儿朱莉。她是一个可爱的女孩，但最近我经常发现她说谎，或者偷小东西。到目前为止，虽然都是些小东西，但在我眼中却是偷窃。比如，在我们超市的前面有两个大桶，里面插着人造树篱，就是塑料的、不用浇水的那种。我已经看到朱莉有三四次把一小片塑料叶子撕掉，放进自己的口袋里。第一次我就跟她说了，告诉她不应该再这样做，因为这些塑料植物是花钱买的，如果总有小孩把叶子摘下来拿走，那家商店的老板肯定会不高兴。她虽然理解地点了点头，还是又干了几次，第四次之后才停手。为什么她第一次之后不能停下来呢？我可是跟她说过了！

有时她口袋里放的皮筋、小玩具绝对不是我们家的。我估计她是从学校拿的。每当我问起她时，她就说，是这个或那个女孩送给她的，但是我真的不确信，是不是每次都是这样。我担心她在骗我。因为曾经有一次，放学后我从托管班接她时，她身上挂着假发辫子、头饰和书包，所有这些东西都不属于她。当我问她时，她告诉我，这些东西属于夏洛特，她可以借用到明天。好吧，我想。当我们正要离开时，夏洛特碰巧和其他孩子一起穿过庭院朝我们走过来。我的孩子加快了脚步。当然，我立刻明白了是什么情况：她可能没有问过她是否可以借用这些东西。我不想在她的朋友面前羞辱她，并根据直觉做出反应：我让朱莉领我从另一个门出去，而夏洛特没有看到我们。我假装自己没有察觉朱莉在骗我。在回家的路上我就感觉不好了，我想着，刚才是不是应该让她们对峙。但是我不希望朱莉被她的朋友们看成小偷。后来我一直盯着她，让她第二天将所有东西都放回夏洛特的搁架里。从那时起，我开始对朱莉的话持怀疑态度，实际上，我不再信任她了，但是我不想让她觉得，她在我的眼中是一个臭名昭著的骗子。现在我总是严格地问好几次，她的东西是否真的是别人送的，尽管这样我还是疑心重重。很抱歉我不得不这么说，因为一个人一旦说过谎，即使再讲真话，别人也不会相信他了。当然，都只是一些小东西，不值什么钱，但是我的意思是，就怕开了个坏头，以后她会养成坏习惯，只要她喜欢的东西，不付钱就随便拿，那怎么能行？所以我现在就得管管。

关于儿童道德发展有不同的理论。过去的学者认为，儿童只有在成年人积极地使用表扬和惩罚的方法时，才会接受道德价值。例如，根据心理学家劳伦斯·科尔伯格的说法，九岁以下的孩子会认为，更强壮、更霸气的孩子从根本上是正确的。因此，他们不能在道德上权衡，只能服从威权人物的规则——主要是出于对惩罚的恐惧。只有在十到二十一岁之间，孩子才能理解和观察道德规范对社会运作的重要性。

科尔伯格的儿童道德发展的阶段模型，为我们前几代人的教育奠定了基础。大家都认为，世界上的每一个人都将以相同的顺序经历这些阶段，不会出现跳跃。因此，对十岁之前的孩子，通行的做法就是通过奖励和惩罚来"教给"他们价值观和适当的行为。通过批评或称赞，孩子们将逐渐了解如何区分是非。

科尔伯格于 1958 年提出了他的理论，并在长达二十五年的研究中加以扩展。在这段时间里绝大部分的孩子也都接受了行为主义原则的教育方式，即"对孩子的良好行为加以赞扬，对不良行为进行惩罚"。大脑中的神经系统互连（"if-then 传导通路"）因此得到发展。

今天我们知道，这些习得的道德观念相当不稳定，并且会根据情况而变化。实验表明，以这种方式抚养长大的孩子一旦有机会，就会采用欺骗的手段为自己获取利益。他们的决定仅取决于他们认为自己是否会被抓住。如果他们认为自己不会遭到惩罚，他们常常会不遵守基本的道德准则。

这并不是科尔伯格的理论唯一遭到诟病的地方。尤其是他认为，儿童在第一阶段仅仅出于对惩罚的恐惧才会按道德动机行事，这一观点已经被证明是错误的。过去几十年的研究表明，幼儿对道德的理解比科尔伯格所设想的要复杂得多。这些研究认为，孩子在襁褓中就有道德行为，因为与道德密切相关的某些情绪在儿童成长的早期就出现了，并且可以毫无例外地在所有儿童身上观察到，例如羞耻、罪责感和愤怒。

学龄前儿童甚至也会将发生在他人身上的事情视为"不公平"。在这个年龄，孩子们表现出同理心（"我这样做，可以使我的朋友感觉好"），并且具有很强的正义感（"其他人也和我分享他们的小熊糖，每个人都应该得到同样多"）。在一项研究中，六岁至八岁的孩子中有 80％到 90％的人在各种情况下表示，应该帮助他人，不应该从不公正中受益。对于孩子们来说，符合道德的行为本身是最重要的。

当被问及为什么某些行为是"好的"或"坏的"时，他们给出了适当的道德规范（"打人是不好的，因为它让别人疼""偷窃是不公平的"）。不到 10％的孩子会注意到，这样的行为可能对他们自己产生正面或负面的影响。

因此，让儿童做出符合道德标准和社会性的行为，并不需要惩罚或称赞。但是，几乎所有四至七岁的儿童都经历了偷窃和说谎的阶段，这肯定与道德观念的发展有关。也许这些在道德和社会上应受谴责的行为，标志着学习过程的开始——类似于婴幼儿扔东西是为了探索物理上的因果关系。为了理解朱莉为什么不问她的朋友就拿他们的东西，而且向妈妈撒谎，我们必须先研究一下道德行为的前提条件：孩子需要什么认知前提才能认识到偷窃和撒谎是不道德的？

道德行为的前提

为了使孩子行事符合道德规范，必须满足一些先决条件：他们必须能够转换视角，能够对他人的情感感同身受，能够区分"我的"和"你的"，并且具有实现道德标准的能力。

视角转换

为了发展道德观念，孩子必须能够体会他人看问题的角度。他们必须认识到，每个人对事情的理解是非常不同的。

学会了视角转换，再明白一个人可以有针对性地利用自己对他人感知的知识来操纵他们的行为，才使"真正"的说谎成为可能。换句话说，只有当孩子明白，大人因为不在场，所以不可能知道自己在厨房偷偷拿了一块巧克力，他才可以声称自己没有这样做。儿童通常在四岁时达到这一发展阶段。在这个年龄，许多孩子开始谎话连篇。

由于这种行为几乎发生在所有儿童身上，因此似乎是一种具有进化意义的行为。人类学家沃尔克·索默将谎言描述为"提高智力的磨刀石"。一项研究甚至表明，擅长撒谎的孩子在智力测验中表现更好。

相应地，这个年龄孩子的说谎行为只是尝试并发展一种新习得的技能，因此实际上是有益的。这并不意味着当孩子欺骗我们时，我们不应该生气，只是我们应该正确看待这种对信任的破坏。孩子在这个年龄，撒谎并不意味着恶意。

一方面，孩子们十分有想象力，他们总会编一些荒诞的故事，这些故事应该属于"我希望这真的发生了"的类别。比如我上幼儿园的时候，曾经告诉我的父母，狂欢节时我在桌子上跳舞，幼儿园老师笑着鼓掌。我的父母觉得这个故事很可爱，听了很高兴，但这是虚构的。我是一个非常害羞的孩子，是的，我很受其他孩子的欢迎，但我永远也不敢像故事里那样让自己成为众人瞩目的焦点。我记得，我之所以编造这个故事，是因为我希望自己如此勇敢。我还发现父母的反应很有趣：他们似乎为我感到骄傲，并且大笑，这反过来使我感到高兴，因为我用谎言让他们感到高兴。

另一方面，这个年龄的孩子越来越多地胡编乱造，以实现自己的目标。他们这样做，是为了努力使自己的梦想世界与现实相和谐。比如，邻居家一个五岁的小女孩是我家孩子的朋友，有一次她坚称，爸爸允许她在我家吃巧克力酱吐司。我很怀疑，因为她没有回家问，但我暂时接受了她的说法。对每个孩子都予以信任，对我来说很重要。但是不到两分钟，她爸爸就来按门铃，问她在哪儿，她的番茄酱意大利面已经做好了。

显然，女孩的谎言并非出于恶意。巧克力酱吐司对她来说是如此诱人，而（她知道的）现实却成了障碍。这两个例子的共同点是，肯定都发生了视角转换。我确信，我的父母不会知道我没有在桌子上跳舞。我们的邻家女孩确信，我不可能知道，她爸爸刚刚告诉她，要在五分钟后回家吃饭。

感情与共情

长期以来，科学家一直在研究什么可以更持续地影响道德：是理性的思考还是情感。当人们做出道德决定时，不仅前额叶皮层的认知区域，还有情感所处的边缘系统的一些部分都很活跃。这时，一个关于蛋与鸡的问题就摆在了我们面前：哪个先出现？是我们的情感让我们依道德行事，还是道德思维触发了我们的情感？

哈佛大学和爱荷华大学的研究人员，对一些前额叶皮层受到部分破坏的人进行了实验。这种破坏导致共情能力受到严重限制，使人几乎没有任何羞耻感或负罪感。如果感情只是道德决定的结果而对道德没有重大影响，那么大脑遭到的这种损坏与回答道德问题就不会有任何关系。

研究人员给受试者提出了很难回答的道德问题，并同时检查受试者的大脑活动。比如一种情况是，敌军士兵闯入一间房子，地下室中藏有几名居民。居民知道，如果士兵发现他们，他们将被杀死。突然，家里的婴儿开始哭泣。研究人员问：为拯救其他家庭成员而让婴儿窒息而死是否合理？

受试者对这个问题给出了一个纯粹理性的回答：杀死一个人可以防止其

他人死亡，从总体上看这当然是合理的。而大脑没有损坏的人通常无法做出决定，因为他们的情绪会极大地影响他们。在进行道德方面的权衡时，前额叶皮层在理性和感情之间起着中介作用，并让人最终做出决定。

如此看来，情感是道德的关键。因此，对于儿童的道德发展而言，重要的是使孩子能够体验到他们所有的情感以及周围人们各式各样的情感。

对于道德行为而言，理解他人的感受（即与他人共情）也很重要。如果一个人看到自己的行为正在给另一个人带来痛苦或不舒服的感觉，那么如果他能体会他人的感觉，就会出于体贴而停止自己的行为。因此反复提示孩子，提高对他人情绪状态的认识能力是十分重要的："看，那个女孩看上去很伤心。她发生了什么事？"这会鼓励孩子对他人及其情绪状态进行关注。

顺便说一句，与他人的共情能力还可以解释为什么孩子有时会有意识地隐瞒不好的信息，以免给父母带来苦恼。通常，孩子在学校被欺负时会这样做。他们在家里会显得异常暴躁或任性，但他们不愿意说出原因，以免大人会伤心或愤怒。

"我的"和"你的"

在四岁到五岁之间，孩子们学会了理解"物权"这一抽象概念，也就是说，他们开始区分"我的"和"你的"。在此之前，他们仍处于"魔法阶段"，在这个阶段里，他们真的会认为，自己想要的一切或他们担心的事情会神奇地出现。只有当他们具有足够的能力使思维活动理性化时，他们才能认识到盗窃的真正含义。这个认知上的里程碑是在七八岁左右时达到的，因此通常也标志着小谎言和小偷小摸阶段的结束。

具体而言，这意味着，对仍处于"魔法阶段"的儿童，不能指控他们

"盗窃"，因为没有真正不道德行为的内在心理前提。

我们还应该意识到，尽管孩子们通常可以理解更高道德水平的思想，但是他们不一定能够实现它。这类似于学说话：即使孩子还不会说一个字，但他们已经能理解我们在说什么。遗憾的是，我们经常高估孩子的道德水平，因为我们认为，他们基本理解的东西也一定能运用。比如，丹妮勒五岁的儿子从幼儿园出来，怒气冲冲地告诉她，另一个孩子偷了他的毛绒玩具。"人可不应该偷东西！"他非常生气地宣布。三天后，丹妮勒从他背包里拿出一个印着小蜜蜂的勺子，惊讶地问他："为什么你把勺子带回家了？这可是幼儿园的。"她的儿子满脸天真、心怀坦荡地回答："就是因为我想要呗，这是我最喜欢的勺子！"

运用道德规范

道德发展是一个漫长而又非常复杂的过程，到了成年期才能完成。它要经过许多小小的步骤，并且受到成千上万的小经验和小考验的影响。在日常生活中，孩子们在不知不觉中观察他人在各种情况下的反应，并评估他们从家庭生活、学校和媒体中获得的印象。这样，他们努力地逐步建立起成人社会的价值观。但是，社会的成员并不总是按道德行事，所以孩子的结论也并不总是合大人的意。

以撒谎为例，孩子们能非常敏锐地意识到，成年人也不总是说实话。他们会很快注意到，如果他们接受贝塔姨妈的糟糕礼物时不说"哎呀，这是什么呀"，而说"非常感谢，谢谢你想着我"，我们会认为这样更好。但是我们的孩子首先必须弄清楚，什么时候撒谎是可以接受的，什么时候是不可以接受的。要了解说谎的原理，他们必须进行实验。通过将日常谎言分为黑色谎言和白色谎言，可以使孩子更容易区分。白色谎言是幻想和虚构的，它们是允许的。困境谎言和礼貌谎言也属于此类，因为它们顾及了他人的感受。而黑色谎言的唯一目的是出于说谎者的利益或掩盖某些事实。不管是儿童还是成年人都应该避免说出这样的谎言。同样重要的是，要给孩子讲明白，什么时候一定要说真话——比如发生了让孩子感到不舒服的事情，但是有人告诉孩子不要说出来（比如，虐待儿童的情况）。

成年人有时也不是孩子的好榜样。看到四下无人的游乐场上被人遗忘的漂亮沙模、滑行车或很酷的针织衫，并非所有的父母都会无动于衷。但是，顺手牵羊在道德上是可以接受的吗？在德国，这种行为起码被归类为在道德伦理上应受谴责的范围——但这并不意味着所有成年人都会遵守这一点。

儿童对社会道德规范进行观察的结果通常非常精确，但并不总是符合成年人的想法，因为成年人更希望儿童遵循"不偷窃"和"不撒谎"的原则。但是我们建议，不要对孩子在道德上有夸大的要求和过高的期望，因为鉴于孩子的发展阶段，这既是不现实的，也是不可能实现的。

如果自己的孩子编瞎话或偷东西该怎么办？

请平静一会儿，默默地庆祝一下，孩子已经可以做这样的事情。为了编造谎言，他必须把自己放在你的视角里，他必须足够聪明，才能快速地提出或多或少合乎逻辑的解释，并且他与你之间有着如此亲密的关系，他也许想用谎言来保护你。可能他也想保护自己，但这还需要一定的智力。你的孩子还正在成长。他正在内心里建构一幅社会、伦理和道德规律的画面。他正在提高自己的道德能力，正在用理性思维来代替魔法思维，而这需要时间。如果我们希望孩子成为依道德行动的人，而不仅仅是愚蠢地做别人告诉他们的事情，那么我们就必须给他们机会去体验和构建自己的诸如正义之类的概念。这可能比直接教给他们所需要的时间更长，并且可能会出现失误，但错误是学习过程的一部分。最终，他们将弄清楚自己想成为什么样的人。为了支持孩子们的学习过程，大人可以做以下事情：

保持关系

重要的是家长要知道，让孩子感动的是什么，让他们感到害怕或有压力的是什么。这样我们才能理解，孩子撒谎或对他人财物的渴望来自何处。有时，孩子撒谎或偷窃，是因为需求没有得到满足。就像我们成年人新买一双鞋或一本书会高兴一样，孩子们也可能想用喜欢的小东西来获得好的感觉。

营造开放的氛围

我们的孩子需要知道，不管有什么样的难题和过失，他们都可以告诉我们，也不会失去我们的爱。如果孩子一忏悔，就遭到父母的责骂和惩罚，那么这个孩子可能永远不会再向他的父母敞开心扉。为了避免这种情况，父母应该练习积极聆听，这在"帮你们翻译刺耳的话"一章中有介绍。孩子们必须有机会与我们安安静静地对话，所以每个孩子都应该与父母有较长的独处时间。通常大家每天忙忙碌碌的，找不出这样的时间，所以最好在日历中记下来，留出固定的时间。

做个好榜样

这一点不用多说，如果我们骗孩子，那一大杯冰激凌不能买，因为里面有酒，那如果孩子也撒谎的话，我们就不要感到惊讶了。通过自己的行为，我们给孩子设定了道德标准。一开始的很多年他们都完全以我们为导向，后来同龄人才变得越来越重要。我们应该利用自己的影响力，向他们展示，一个有道德的人是如何行动的，我们表现出同情心，帮助弱者并关注周围的世界。在日常生活中，有很多机会我们都可以与孩子谈论他人的感受。

明确地讨论问题

如果我们发现孩子在骗我们，或者从学校带走了不属于他们的东西，我们应该跟他们说这件事。孩子正在建立对社会的道德观和伦理准则的理解，如果我们不向他们指出，我们（和社会）不允许盗窃，那他们会建构一幅歪曲的图景。但是，有些父母往往会故意忽视孩子的过失，因为他们不想给自己找麻烦，这是一个不好的策略。如果我们知道孩子做出了不道德的行为，却什么都不说，我们就等于发出了明确的信号，即不道德的行为是可以的。这时我们最好说："我知道你说的有问题，但我现在太累，不想跟你讨论。我明天再找你说这件事。"

解释后果——关注他人

我们应该向孩子解释，为什么他们不要说谎或偷窃。在解释的时候，把重点放在给另一个孩子造成的后果上很重要。社会中非常普遍的说法是："如果你继续说谎，其他人就不再相信你了"或"如果你偷朋友们的东西，他们就不跟你玩了"。这种表达会使孩子仅根据对自己的利害来评估行为。这样培养出来的以自我为中心的世界观，会有很大的问题。父母应该让孩子注意他的行为对另一个孩子意味着什么："如果你对你的朋友撒谎，要是哪天她知道了，她一定会很伤心。被人欺骗真的很难受。你能体会她的心情吗？"或者"如果你的朋友发觉她的书不在原处了，那么她一定担心把书弄丢了。她可能会痛哭流涕，疯了似的到处寻找，因为这本书对她来说很重要。你能做些什么，使她感觉好些呢？"所以请远离以自我为中心的视角——我的行为会伤害自己吗？转向共情的视角——我的行为会伤害他人吗？

提出期望，无须强迫

我们提出对孩子行为的期望，意味着给他们指明方向，告诉他们成年人认为的道德行为是什么样的。有指导原则是一件好事，但是孩子应该自愿选择，是否遵从这些原则。由压力、强迫或取消关爱而产生的道德行为是不可持续的，而一个人有意识选择的行为却很可能持之以恒。

我大约六岁时，从朋友的房间里拿了一块闪光石。它是紫色的，和其他闪光石一起放在架子上，我想拥有它，因为我觉得它很漂亮。只不过它不是一颗简单的闪光石，而是朋友收藏的紫水晶，当时我并不知道。我骄傲地在游乐场上到处炫耀。后来，该发生的事情发生了，我露馅了。几天后，他的父母给我父母打电话。我父亲明确表示，我应该把石头还回去，而且尽可能直接交到我朋友的手里。这种解决方案对我来说没什么吸引力，因为这样做我就必须看着他，看到他眼中对我的失望。我整个下午坐立不安，在脑海里设想着各种可能性。最简单的方法是将石头扔到他父母的信箱里。但是，这样做，东西有可能回不到他手里。不管我如何盘算，亲手交还都是最好的解决方案，虽然不是最简单的。于是我拿着石头上路了。途中，我遇到了一个朋友，我告诉她自己要去哪儿。我给她看了闪光石。她求我把石头给她，她不会告诉任何人，我可以说我在途中把石头弄丢了。噢，能立即摆脱这块可耻的石头，不用继续艰难的忏悔之路，那该多好啊。但是我下定决心要做正确的事，所以我坚持了下去。情况也没那么糟——我的朋友拿回了他的紫水晶，我请求他原谅，然后事情就烟消云散了。留下来的是一股自豪感——我对自己勇于承认错误的自豪感，我还意识到，财物被拿走，别人就会不高兴。

让我们回到朱莉和弗莱娅的例子上。妈妈的担心和恐惧是可以理解的。谁想养大一个小偷或骗子？但是朱莉今年才七岁，仍处于发展基本道德原则的过程中。弗莱娅可以而且应该帮助她。她已经做到了这一点，比如，在女儿把人造树篱上的叶子撕下时，她就让女儿设想一下店主的感受。这时，她给了女儿明确的道德指导，并且说希望朱莉不要再这样做，并给女儿机会自觉做出正确的选择。女孩虽然又摘了几次叶子，但最终还是停了下来——没有受到任何惩罚的压力。看着孩子选择我们认为是错误的道路，肯定是令人沮丧的，但是我们应该正确看待这种情况：在这个阶段，我们的孩子可能会偷诸如发夹之类的小东西，这当然不好，但我们应该明白，他们还在练习，练习就会犯错误。他们最好能像朱莉一样，有多次试错的机会，最终还是采取了道德行为，这比我们强迫他们要好得多，否则，有可能成年以后他们还没有学会自己决定什么是对的，什么是错的。在这个阶段，道德意识要得到训练，以备将来之需，所以让他们练习吧！

为了使孩子的道德意识得到训练，我们大人必须有明确的立场。我们需要明确指出，顺手牵羊和为了避免惩罚而撒谎是错误的。在这方面，弗莱娅在夏洛特那件事上表现不佳。最好是让身上挂着别人东西的朱莉与失主夏洛特见面，让她体验自己行为的自然后果。弗莱娅没有这么做，而是默许了女儿的行为。我们完全可以理解，她不想让女儿作为小偷站在朋友面前，她想让女儿免受羞辱。但是，与被盗的真实感受对峙，肯定会给女儿留下深刻的印象。可惜朱莉这一课没上成。"悄悄地"退还东西这种做法也很不理想。在这里，妈妈把女儿的感受放在了前面，而不是给她机会亲身体验夏洛特的感受，并学会为自己的行为负责。但是，总的来说，我们应该清楚，朱莉正在经历的是几乎所有孩子都要经历的正常阶段。弗莱娅不必太担心她的女儿。如果她后续对女儿犯下的小小的道德过失做出明确的反应，那么女儿最迟在八岁就能超越这个阶段。

彼得：挑衅者

每个人都有一个基本需求，那就是你的亲人应该觉得你是宝贵的。但是有时候，在人际关系中找不到这种感觉，你可能会感到沮丧，因为伴侣没有注意你所说的话，什么话都必须重复三遍。或者，妻子会感到受伤，因为她独自照顾孩子和家庭，让丈夫可以专心工作，但他更喜欢在周末闲暇时整理书房，而不是和家人一起去游乐场。

四十二岁的彼得的例子表明，这种价值感的丧失给孩子带来的痛苦有多可怕，并可能造成严重的后果。

父母给我寻求治疗的时候，我九岁，因为他们觉得我失控了。他们说我总是挑衅他们，我非常冲动，有攻击性，他们担心我会走上邪路。但是那时我在学校或体育俱乐部里都没有问题。我是许许多多男孩中的一个，也受人欢迎。我成绩平平，但也有朋友。

可惜我只记得治疗过程的一些片段，但是我知道，我一看见那位心理治疗师就觉得他很恶毒。当我第一次和他单独谈话时，我更是很快就证实了这一点。他根本不让我对他讲述，而是问了很多直接把我逼到墙角的问题。谈话结束时，我松了一口气。当第二次治疗到来时，我拒绝上车。我不想去。

我又哭又喊，并用身体反击。不幸的是，这使我的父母更加确信，有必要跟我一起去治疗。

治疗谈话对我来说恐怖至极。治疗师让我觉得我是家庭的败类，他也是这么对我说的。他说，如果我不改变，可能会破坏整个家庭。我相信了他。每个人都可以想象这会对孩子产生怎样的影响。他说，为防止这种情况发生，我唯一能做的就是离开家庭，进教养院或医院。

治疗还包括借助洋娃娃、积木等物品讲故事，应该是有关我的家庭的。但是，我并不能自由讲述，他总是把我往某个方向引。最后唯一的结论就是：你招惹你的兄弟姐妹，这使你的母亲伤心，使你的父亲生气，你是个坏孩子。每次治疗我都哭，并对家人感到内疚。我只能猜测，那正是他的目标。

现在对我父母来说，情况有所好转，因为我尽可能表现好，希望我不必再去治疗。但是我越是努力，发生的意外也就越多。比如，我想在走廊上练习倒立，因为那里有一块空墙。但是我的一条腿在抬起来时绊到了电话线，电话从小柜子上掉下来，一下就摔坏了。或者，我闻我母亲的香水，这让我感觉更亲近她。我闻过很多次，但是有一次瓶子从我手里滑下来。我永远不会忘记我父母的表情——"又是你，彼得"。他们的目光似乎在这样说。母亲如此悲哀地看着我，真使我绝望，甚至超过了父亲的愤怒。我很快自己也相信，我很糟糕，而且是彻头彻尾。从那时起，我在学校的情况也开始不尽如人意了。攻击性变成了我的常态，我还虐待朋友们。我内心充满了愤怒。我希望别人像我一样过得糟糕，当有人因为我而哭泣时，我会感到高兴。是的，我很高兴。

当然，我在学校表现异常，老师就总是给父母打电话，这对我当然没有什么好处。我的父母认为他们应该把紧箍咒念得更勤一些，所以我必须继续接受治疗。每次约好要去治疗时，我都全力反抗。在出门之前，我的反抗更是达到了令人难以忍受的程度。我想尽一切办法避免去医生那里。父母来叫我，我就从房间里逃出去，但是大门被锁上了。当我跑进客厅，想从阳台门逃走时，我的父母已经拦在那里了。后来情况越发升级。我跑到地下室，我的父母跟着我。最后我走投无路了，就抓起了一把螺丝刀，威胁我的父母。我真的不想伤害任何人，也确实没有伤害他们，但我想强迫他们放过我。可惜没用，他们是两个人，比我强大。最后，我不得不去诊所。我在路上一直哭，说了一句话，今天我仍然记得很清楚："我会把那所房子炸掉，以后就不会再有孩子去那儿了。"

此后不久，我停止了治疗。我不知道我的行为在多大程度上引起了他们的思考，但是我从父母那里知道，治疗师给他们的建议，他们无法同意。比如，我的母亲应该放弃她的工作，以便随时监督我，而我也不能再拿家门钥匙，这样"这个孩子就不会有'成为这个家的统治者'这种想法"。我不用再去治疗，反而变得安静了。我和父母之间好像签署了一项沉默的停火协议。直到今天，我仍然不知道为什么我对父母如此反叛，以至于他们没有别的办法，只能让我接受治疗。我仍然非常清楚地记得，我非常爱他们，实际上想要与他们亲近。但是不知道怎么的，我没有正确地向他们展示我的爱。

孩子在与重要依恋者的关系中不觉得自己有价值，其中的原因是因人而异的，但也可以找出一些普遍的原因。

当父母或老师有以下表现时，孩子会失去价值感，并开始故意挑衅。

● 不断批评他（"你总是必须这么慢吗？"）；

● 作为一种惩罚，较长时间不理他；

● 对他说话的语气居高临下、不胜其烦、轻蔑贬损、施恩望报或讽刺挖苦；

● 当着孩子的面对其他成年人说孩子的坏话或嘲笑孩子；

● 成年人拥有绝对权威（"这个家我做主""只要你在这个家就得听我的"）；

● 不断使用威胁的办法让孩子做某事（"如果你不……那我就……"）；

● 只需要一个眼神，就可以使孩子放弃他本来要做的事情（不出声的警告："你不敢！"）；

● 反复超越孩子的界限，忽视孩子说的"不"；

● 说的话让孩子觉得自己有罪责（"看看你都干了什么？"）；

● 禁止孩子和朋友见面（比如，因为还没有完成作业）；

● 动用身体的力量（如拉扯手臂）；

● 说服他，某种东西或者感觉只是他想象的（"哎呀，没那么严重吧！"）；

● 拿走或破坏孩子的财物（"你的手机我没收了，直到你……"）；

● 语言上小看他或不信任他（"哎，反正这事你干不成！"）。

如果你觉得这不是现在的大人对待儿童的方式，请仔细看看。每个街角都有几个这种行为的例子。用不耐烦或居高临下的语气跟孩子说话尤为常见。通常情况下，成年人甚至没有意识到这一点，他们甚至会觉得自己很亲切和善。

我不想将自己排除在外，有时我也会用这种特定的语气说话。当工作压力大，或者自己感到不受重视时，我通常会陷入其中。我的面部表情、姿势和语气都不知不觉地表达出"你在烦我"或"我必须向你解释三遍吗？"。这些都逃不过孩子们的耳朵和镜像神经元。"妈妈！"卡洛塔、海伦娜和约舒阿通常会立即向我抱怨，"你又用这种奇怪的声音和我们说话。"我听到这句话，才会突然警醒过来。是的，我的语气趾高气扬、令人不快，根本不是以亲子关系为导向的。很普遍的还有，当孩子在场时，两个大人之间的那种对话。回想一下，幼儿园老师曾经多少次当着孩子的面跟你说他们的事情。或者观察一下，老师们是不是经常当着全班同学的面讨论这个或那个学生今天又干了什么，他们虽然压低声音，但是同学们也不是完全听不见。

你们可能不觉得这些事情让人不快，因为成年人的行为在我们眼中完全是正常的。以这种方式行事已为社会所接受，在某些情况下，甚至是专家们积极推荐的方式，因为这就是教育。

育儿书作者安妮特·卡斯特－扎恩曾经对一本杂志说，连着几周，她每天早上将儿子的鞋子从楼上顺着楼梯扔进地下室，目的是教育儿子将鞋子整齐地放在鞋柜中，而不是门口走廊里。因此，有几个星期他不得不每天早上跑下楼才能找到鞋子穿上。很明显，她在用"如果你不……那我会……"来威胁孩子。这种教育在你们看来是不是没有那么可怕？她总得以某种方式教他什么是整洁，不是吗？但是，让我们想象一下，她的丈夫也拿卡斯特－扎恩女士的鞋子这么办，好让她学会整洁。这时候我们会怎样评价这种方法呢？在这个情形中，先前看起来无伤大雅的做法突然显得恶毒了。

我们想向你们透露一些信息：我们在清单上列出的这些点也可以在针对成年人的一个清单中找到，这些成年人想知道自己是否在遭受情感虐待。示例不同，但是内容相同。婚恋关系专家认为，如果与清单中哪怕只有几点出现对应，女性应尽快结束这种有害的恋爱关系，因为她们有遭受情感虐待和

225

精神压迫的危险。同样的行为在伴侣关系中被归类为成年人心理暴力的预警信号，而在亲子关系中则被认为是教育方式。这难道不应该引起我们的警惕吗？顺便说一句，情感暴力关系列表上的最后一项是"如果他像对待孩子一样对待你"。

人越是觉得自己在亲人心中失去了价值，他们的反应就越有攻击性。如果对方一两次不注意听你说话，仍然可以忽略不计。但是，如果这种情况频繁发生，就会形成极大的挫败感，到一定时候就会引起愤怒的争吵。或者，如果妻子得知丈夫有外遇，她可能会因为受到太大的伤害而跟他动手，满怀愤怒、悲伤和攻击性地大打出手。孩子也会因丧失价值感而变得有攻击性和挑衅性，他们还有一种反应，就是退缩。

丹麦家庭关系治疗师杰斯珀·尤尔表示："约有一半的孩子试图使自己的不适感内化；他们变得内向，很配合，而且尽量不惹麻烦。你必须非常靠近他们，才能识别出笼罩着他们眼睛或他们思想上的阴影。另一半孩子则是将缺乏幸福感的感觉外化，然后'尽情体验'，这种情况可惜并不像这个词一样让人感觉轻松愉快。"

退缩的孩子通常因其行为符合社会规范而受到称赞，而那些表现出痛苦的孩子会让人觉得"脾气怪"，通常会受到严厉的批评。结果，他们感到自己更没有价值，甚至要更强烈地发泄这种痛苦——这种恶性循环只有成年人才能打破。因为没有到一定年龄的孩子不会对自己的行为做出有意识的决定。他们只是对自己与父母的关系以及整个家庭当前的气氛做出反应。他们会视当时的情绪状态，尽可能表现出最佳的行为方式。他们此时也无法做出其他行为，除非他们已经完全扭曲了自己。如果孩子做出攻击性和挑衅的反应，成年人必须尽一切可能改善关系的质量，并找出为什么孩子现在感到自己一文不值。一个打人、咬人、冲人吐口水的孩子，不再纯粹是出于情绪做出反应，而是故意这样做，那他一定是在发出信号："我感觉不佳。帮帮我！"

不幸的是，孩子无法与父母或老师脱离关系。他们必须忍受，难怪他们有时会做出有攻击性的反应。所以我们应该感激他们的挑衅，因为这些给了我们一个明确的信号，我们对待孩子的方式让他们没有价值感，我们应该尽快改变自己。

从彼得的例子中我们可以看到，不被亲人看重的感觉会如何逐步升级。刚开始九岁的孩子只是对他的父母有些不敬，结果很快就发展成为肢体冲突和暴力威胁（炸毁房子）。他最初在学校并没有什么异常，但来自家庭的压力越来越大，使他在学校也开始挑衅。实际上，这就是通常的发泄方式：当孩子感到与父母失去了内心的联系或没有得到足够的关注时，他们通常会在家庭的避风港中先发泄内心的不适。如果家长没有做出体贴的反应，没有找到让孩子难受的原因并解决它，那么大多数孩子就会转向外部。他们在学校或体育俱乐部里会变得"引人注目"，无意识地希望有人能在那里认识到自己的痛苦。

但是，如果孩子先在学校产生不受重视的体验，他们会立即表现出具有攻击性的行为，而在家里只会显得有些垂头丧气。因此，价值感丧失不仅是亲子关系的一种现象，而且可能在任何关系之间发生（包括朋友或老师）。

逐步升级的表现通常为：

- 脾气暴躁的行为（但孩子仍听父母的话，尽管勉强或有拖延）；
- 对父母言语失控，用"命令的语气"说话，吼叫；

- 不再听父母的话，也不再配合；

- 主动挑衅（故意毁坏东西、故意与父母对着干）；

- 对父母肢体失控（捶打、推搡、拳打脚踢）；

- 对同学言语和肢体上失控；

- 对其他成年人言语和肢体上失控。

任何时候升级都可以逆转，不是一个阶段之后肯定会进入下一个阶段。因此，如果你们因为家里有一个脾气暴躁的九岁孩子或一个爱打架的七岁孩子而选择了这本书，那么现在就不用害怕。我们确信，你们不会对孩子施加任何身体暴力。你们想让孩子对他人更友好，不要总是那么冲动。但你们迄今为止采取的措施并没有达到效果，甚至有可能导致情况更糟，因为这些措施使孩子感到自己不够好或不讨人喜欢。所以从现在开始，我们应该先着手改善与孩子的关系。你们会惊讶地发现，这些措施将很快产生效果。

顺便告诉大家，彼得已经成长为社会中正常的一员。据他说，终止治疗是转折点。当压力消退时，他也不需要奋力抵抗了。今天，他是一个充满爱心的爸爸。他与父母保持联系并有固定的工作。他说，他觉得自己不够自信，但总的来说他过得还不错。

在我作为特殊教育工作者的整个职业生涯中，我只遇到过极少数这种情况：尽管我们付出了全部的努力和爱心，却无法帮助孩子们。他们常常很小的年纪就有过刻骨铭心的经历，遭受了严重的创伤，以至于仅使用教育手段已经无法抵达问题的核心。大多数惹是生非的孩子基本上只是伤心。他们找不到正确的言语和行动来表达自己的爱；他们担心自己的父母或兄弟姐妹；他们与朋友吵架，感到孤独；他们做了蠢事，良心受到谴责；他们不知道该向谁倾诉；他们的需求没有得到满足，但是说不出来；或者他们已经反复收到反馈，说自己"很糟糕"，自己也相信了这一点；在他们生活中的某个地方出现了问题，或者出现了没有满足的需求，他们可能并没有意识到，自己也无力解决这些问题或者满足这些需求。

幼儿表现出攻击性行为，是因为缺乏冲动控制能力，并且还不能进行视角转换，而大一点儿的孩子有意识地挑衅总是在传达一个信息，我们需要去破译它。我们需要做的是，接收这个消息，并重新调整我们与孩子之间的关系。同时，我们既要设法保持自己的界限，也要向孩子展示其他策略，使他们学会以社会可以接受的方式来提醒别人注意他们的需求。

帮你们翻译刺耳的话

孩子和父母的"四只耳朵"

人际交往的基本过程描述起来很简单。有一个信息发送者想告知别人一些东西，他用可识别的符号来编码他的事情，我们称他发出的信息为消息。由接收者来决定如何解码这种可感知的符号。通常，已发送和已接收的消息应该大致匹配，两者之间才可以说相互理解了。

但是，接收者并不总是按照发送者的意图对消息进行解码。因为每个人与其他人之间的交流都包含许多更深层次的信息。其中一些是发送者想要表达的，而另一些则是根据接收者的性格或当前的心情解读出来的，其实并不包括在内。让我们举一个日常的例子。爷爷奶奶与儿媳和两个孙女在餐厅吃饭。爷爷奶奶住在外地，只跟孩子有过短时间的接触，对儿媳以亲子关系为导向的育儿方式持怀疑态度。其中一个两岁的孙女在餐厅里跑来跑去，她的妈妈却继续安然吃饭。过了一会儿，爷爷对她说："你看见那个小家伙正在餐厅里跑来跑去吗？你确定她不会跑出去吧？"

儿媳："是的，我知道她在跑来跑去，我确定她不会跑出去。"

根据交流专家弗里德曼·舒尔茨·冯·图恩的说法，可以用"四只耳朵"听爷爷的话，这意味着儿媳可能听出四种不同的信息：

● 在"事实耳"中，我们只关注事实信息："小家伙正在餐厅里跑来跑去。"

● 在"关系耳"中，我们会听到我们认为他人对自己的看法。大多数人会听到暗含的攻击："你不是好妈妈，因为你没有照顾好孩子。她可能会跑丢，而你压根没注意。"

● 在"自我流露耳"中，我们听到了对方对自己想法的表达："由于我非常爱我的孙女，所以看到她一个人在餐厅里跑来跑去，我就很担心，害怕她会跑丢。"

● 在"呼吁耳"中，我们听到对方可能想让我们做些什么。父母往往倾向于用这种耳朵去听："去把你的女儿找回来。"

听到这些话的妈妈是用关系耳接收这些信息的，所以心里对她的公公很生气。她有一种感觉，他把她想象成一个坏妈妈，这让她很生气，因为她为了坚持以亲子关系和需求为导向的养育方式，每天都累得吐血。为了不显出自己受到了伤害，她不想接公公的话头，就决定在事实层面上对他的话做出回应，所以她说："是的，我知道她在跑来跑去。"而爷爷的话实际上是说给她的"呼吁耳"听的——他想让她起身把小家伙找回来——现在他也生气了，因为他的儿媳"假装不明白"他的意思。从他的角度来看，他的话里包含的是自我流露，他对孙女有些担心，而不是要用言语去贬低儿媳抚养孩子的能力。

因此，现在儿媳心里不爽，她觉得受到了公公的管束，而爷爷也有点儿恼怒，感到他对孙女的关切没有受到重视。他们俩都坐在餐桌旁默不作声，心里真想吵个明白。仅用三句话，他们之间的气氛就被破坏了。

你和家人肯定也遇到过这种情况。不单单是公婆会惹恼我们，还有我们的父母、我们的孩子，有时甚至是我们的伴侣。但正如你们在例子中看到的那样，通常他们并无意惹恼我们。我们可能只是用错误的耳朵接收了他们的信息。

接收者用四只耳朵中的哪一个来接收信息，对话的过程可能会截然不同。往往，接收者甚至都不知道他已经关闭了一些耳朵，从而为人际交流预设了方向。

如果儿媳没有用"关系耳"来听，而是留意了信息中自我流露的内容，那么爷爷对孙女的关心可能会打动她。也许她会回答："不用担心，她常在这里跑，从来没跑出去过。我相信她。"也许这个回答并不能完全说服爷爷，但起码他不会觉得儿媳顶撞了自己。他也许会回答说："信任很好，但她还是太小了。"这样显然可以在自我流露的层面上强调他对孙女的关注。这次也像他第一次做的那样，他向"呼吁耳"发出了一个没有明说的请求："请把她找回来。"儿媳可以回答："您想让我把她找回来吗？只是她坐在我们身边会感到无聊，所以她才喜欢在餐厅里跑来跑去。如果我现在把她找回来，我就得看着她，没法安静吃饭了。我平时难得这么安安静静地吃饭。"这时，如果爷爷打开了全部的耳朵并正确地理解了儿媳的话，他可能会回答："你整天照顾小家伙。这回你坐着，我去跟着她，看着别让她跑了，反正我也想活动活动腿脚。"这样一来，大人之间的气氛就完全不同了。

当我的两个女儿大约六岁时，我向她们解释了"四只耳朵"原理，因为海伦娜和我一直发生误解，我经常无法正确解码她的请求。那时，她经常向我的"呼吁耳"发出信息，而我无意间却是用"事实耳"接收的。她说"我饿了"或"我的手指头很疼"，但是，实际的意思是"请给我做点儿吃的"或"请吹吹我的手指头，再给我个创可贴"。所以，当我只回答"哦""嗯嗯"

时，她很生气。我其实并不是出于恶意，我真的只是听到了那些信息。

由于她与朋友和其他成年人存在相同的沟通问题，因此我决定，不仅要调整我的听取行为（打开呼吁耳），而且还请她更明确地表达她的呼吁，因为人有时会用错耳朵。我用一个比较傻的例子向她解释道：一个人坐在马桶上，冲家里人大喊："手纸没了！"估计他除了事实信息（"手纸用完了"）之外，还发送了一个自我流露信息（"我需要手纸！"）和呼吁（"请给我一卷手纸！"）。他可能会生气，在他的话后面再加上一句关系层面的信息："手纸快没了，为什么这个家里就没人想着添一卷？"

人际交流之所以如此复杂，是因为接收者原则上可以自由选择他想对消息的哪一方面做出反应。这位先生最后到底拿到了手纸还是引起了争吵（"快没了，快没了！你自己也没有想着添过啊！"），取决于他的家人用哪个耳朵来聆听。但是，如果他说："甜心，请给我拿一卷手纸！全都用完了，我急需一卷新的！"这时，他的家人给他拿手纸的概率会很高，因为他的话不会产生任何误解或争论。

我和海伦娜后来的沟通效果非常好。有时当我不确定孩子要我做什么的时候，我会追问一句："你把这个发给我的哪个耳朵？"但是总的来说，她的语言很快变得更加精确，因此我们在这个交流层面上几乎没再发生过任何争吵。今天，八岁的女儿有时甚至拿我开心。比如，昨天晚饭后，我愉快地对卡洛塔说："你泡的茶非常好喝。已经喝完了，真是太可惜了。"她眨眨眼回应道："那是给我的呼吁耳吗？"（翻译过来就是："我要再给你泡些茶吗？"）我笑着回答她："那是一个自我流露和事实信息。"（翻译过来就是："我爱喝茶。茶泡得很好。"）然后我靠近她，故意神神秘秘地小声说道："甚至可以说我赞扬了你的工作！好肉麻，是不是？"卡洛塔尴尬地笑了笑，向上翻翻眼睛喊道："妈——"然后就滑着步回自己房间了，而我开始洗茶壶。

有时，四耳原理还能解决某些超级烦人的问题。卡洛塔七岁那年，我们一家人去波罗的海度假。我们在那里已经待了几天，总是在早上、下午和晚上去海滩。卡洛塔本来希望整天泡在水里，所以她一直在问："我们什么时候再去海滩啊？"有几次我耐心地向她解释了我们的安排，但后来我就不耐烦了："你怎么问个没完？你知道我们什么时候出门！"起初，卡洛塔为我的爆发很气恼，但是她决定不放弃我，即使我的话又粗鲁又伤人。"妈妈，"她思考了一会儿说，"当我问我们什么时候再去海滩时，呃……我并不是要问这个问题。我是感到高兴和兴奋，忍不住冒出来的。这些话就从我的嘴里溜了出来。"

"你的意思是，你根本不是在向我提问？"

"不是，我不需要你回答。这更像是自言自语，你明白吗？"

"哦，原来如此。你不是把它发送给我的'呼吁耳'，而是发送到我的'自我流露耳'。"

"没错。"

后来，她在这个假期里又多次脱口而出这个问题，但我听起来就不再觉得那么烦了，因为我知道我不是必须每次都回应她。

孩子的嘴

尽管如此，我还是经常与卡洛塔、海伦娜和约舒阿发生误解。像所有五到十岁的孩子一样，他们忙于厘清自己的情绪，体验自己到底是一个什么样的人，可以做什么，想要什么，以及哪些方面还有可能做不好。他们渐渐把自己的注意力从家庭这个安全的港湾转向与他们同龄的群体，他们希望在那里可以找到一个位置并得到认可。这些过程像一种情绪过山车之旅，常常使他们生气和沮丧。因为孩子可以确信我们有无条件的爱，所以他们常常将不良的情绪和情感爆发指向我们。这时，我们就成了"世界上最愚蠢的父母"，或者他们想立即搬出去、离家远远的。然而，在孩子所有这些无比伤人的话语背后，都有重要的陈述，而且我们做父母的最好能有意识地通过"自我流露耳"，而不是"关系耳"来听这些话。这样我们就有机会寻找孩子的"不良"行为背后的原因，而不是迎战挑衅。

以下例子显示了"自我流露耳"和"关系耳"收到的消息差异有多大。

"我恨你们！你们是世界上最糟糕的父母！"

● "关系耳"听到："你们什么都做不对！你们俩真是太烂了，我根本没法爱你们。谁允许你们生孩子的？"

● 孩子实际上对"自我流露耳"说："我对你们真是太生气了！"

"我希望，我已经死了！"

● "关系耳"听到："我讨厌我的全部生活，没有一点儿美好的地方。我真希望我没有生下来。这都是你们的错！"

● 孩子实际上是对"自我流露耳"说："我内心里所有这些感觉是如此强烈，以至于我几乎无法忍受。我觉得自己的内心被撕裂了。我希望这种情况能停下来！我不想再有这些感觉了，因为忍受这些感觉实在是太难了。"

"我想要一个新家庭，你们并不是真的爱我！"

● "关系耳"听到："你们甚至无法真正爱我。天哪，你们是什么样的父母！即使在陌生人的家庭里，我也会得到更多的关注。"

●孩子们实际上是对"自我流露耳"说："我很绝望，因为我有一种感觉，你们更喜欢我妹妹。"

"我要搬出去，马上，我要和爸爸／奶奶／朋友住在一起！"

●"关系耳"听到："你不停地唠叨，总算把我唠叨走了。恭喜——我宁愿搬出去也不愿在你这儿多待一分钟。你真的一点儿都不了解我。这方面爸爸很棒，这就是为什么我要搬到他那儿。他能理解我，他这个家长比你强。"

●孩子实际上是对"自我流露耳"说："我真的对你的决定／规则／声明不满意，需要时间和空间来消化它。"

"我！无！所谓！"

●"关系耳"听到："你这些话跟别人说去吧，跟我说是对牛弹琴。你可以随意禁止我干这干那，我无所谓，我不在乎。我想干吗干吗。"

●孩子实际上是对"自我流露耳"说："为了不丢面子，我不想让你知道这件事对我有多重要。"

父母的嘴

父母有时也的确会说出伤害孩子的话。但很可能，我们成年人对自己所说的"不好"的话一无所知，因为我们的话里根本没有什么暴力。发生这种情况很可能的原因是，我们本来是向"自我流露耳"发出的信息，孩子却是用"关系耳"听的。

"穿上外套，外面很冷。"

●孩子的"关系耳"听到："我不信任你。我怀疑你能否自己判断什么对你有好处，因为你又小又笨。"

●父母实际上是在自我流露："我担心你的健康。我很爱你，不想看到你受苦。根据我的经验，如果大冷天外出不穿外套，可能会生病。"

"孩子们，别吵了！握手言和吧。你们彼此都很喜欢对方啊。"

●孩子的"关系耳"听到："你们别闹了！多大的事啊，就发脾气打人。我总是要干预，要扮演裁判员，你们确实不会解决自己的冲突。你们相互喜欢对方，那就不应该吵架。"

●父母实际上是在自我流露："我受不了你们这样闹矛盾，因为我从来没有听谁说过，吵架、发脾气是好事。我害怕你们之间的关系经不起这么折腾。哪天你们吵崩了，就再也不能和好了。所以我希望你们的争吵快快结束，我就不需要再忍受这些难受的感觉了。"

"嘘！你不用哭，没那么严重。"

●孩子的"关系耳"会听到："你不可以哭，不允许哭。你对情况和痛苦的评价是错误的。你不要相信自己的感受。"

●父母实际上是在自我流露："我很爱你，当某件事伤害到你或让你伤心时，我也跟着难受。我希望痛苦已经过去，我也不必再忍受了。我不相信大哭一场真的能克服痛苦，因为我小时候一直学的是要'勇敢'，必须尽快停止哭泣。另外，你哭的音量也使我紧张。周围人都在看呢。别人都这么盯着我们看，我真受不了。我不想这样引人注目。"

"我不需要帮助你，你可以自己完成！"

●孩子的"关系耳"听到："你对我来说并不重要，我不想中断自己的工作来帮助你。别打扰我。"

● 父母实际上是在向"自我流露耳"发送信息："我看到了你的潜能，我相信你一个人就能完成。我不帮你，是不想让你觉得我小瞧你。你应该长大、独立了，这样才能在生活中立足。"

"你爱怎么着就怎么着吧。"

● 孩子的"关系耳"听到："我认为你的想法完全是愚蠢的。你想这么办，我很生气。"

● 父母实际上是在自我流露："我非常绝望，因为我无法说服你，你这么干，我很担心。但是我不想让你知道我的想法，因为我担心自己会变得脆弱和容易受伤。我眼睁睁地看着你堕落下去，觉得自己很无助，这种感觉真是难以忍受。我宁愿把对你的担心转变怒气，因为这会使我感到坚强。"

父母也必须不时变换视角

父母的话看起来不是那么糟糕，对吧？不都是一些或多或少表示支持的话吗？是的，确实如此。我们之所以选择这些话，目的是向你们展示，有时仅仅无条件地爱我们的孩子是不够的。更重要的是，我们的孩子是否能体会到我们无条件地爱他们。所有这些家长的话都是出于爱、关怀和善意，但很少有孩子将其理解为支持或鼓励。所以，我们大人也应该不时地转换视角。教育专家阿尔菲·科恩建议父母们问自己："如果我刚才对孩子所说的话是对我自己说的，我会感觉如何？我对他做的，如果发生在自己身上，我能感觉到无条件被爱吗？"

因此请注意，孩子也有四只耳朵，他们可以自己选择用哪只来听我们充满爱意的话语。如果家长说了"无害"的话，孩子却被惹毛了，请记住，他们的理解可能与你想表达的意思不同。请消除这种误解，给孩子解释清楚，你真正想说的是什么。

另外，我们还想提一下一种普遍的"家长病"，那就是过多地用"呼吁耳"去听孩子的话。我们经常以为，孩子告诉我们一些事情，是因为他们需要我们的帮助，然后，我们会进入积极行动模式。这种反应不但完全没有必要，甚至会使我们的孩子感到厌烦，觉得被小看了，因为我们没有给他们机会自己解决问题。我们到处出主意想办法，进行道德说教，好为人师，开方问诊，或把孩子的注意力引开，其实孩子只是希望我们能够倾听。我们将在下一章中仔细研究一下托马斯·戈登所说的"积极聆听"，因为有了它，我们不仅可以帮助我们的孩子，还能改善我们与他们之间的关系。

格丽特：积极聆听产生亲密感

对天下父母来说，有一点是共同的：有时候我们虽然认真听孩子讲话，但并没有真正理解他们，因为我们从一开始就认为自己明白他们的意思。这使得对话效果不佳，有时甚至徒劳无功，从而双方都感到沮丧。四十三岁的格丽特和八岁的儿子克里斯托夫之间就发生了这样的事情。

当我们的第三个孩子贝拉出生时，我八岁的儿子陷入了严重的危机。他变得非常好斗，不再听我们的话，故意捣乱。他把自己的 T 恤衫剪坏，在房间的墙壁上画骷髅头。他在情感上已经完全远离了我们，我们无法真正接近他。只有他一个人和我散步时，他有时才会回到原来的样子。

几个星期后，他——完全出乎我的意料——开始恨他的双胞胎妹妹斯米拉，并总是招惹她。他们单独在一起一分钟都不行。我无法理解这些感觉和争吵，因为自从出生以来，他们一直同心合意，而斯米拉也没有故意做任何事情来激起这种仇恨。

我很茫然，因此每天散步时我都跟儿子谈话。我想听他说，想理解他的想法。但是我也想让他明白，他不理自己的妹妹，是多么令人遗憾。我想要和谐的生活，但是克里斯托夫和我之间的对话进行得并不顺利。实际上，我们一直在原地踏步：

克里斯托夫：我讨厌斯米拉。我恨她！她真傻！

格丽特：你一点儿都不讨厌她。这么说真傻。我知道你有多喜欢她。你应该跟她好好相处。

克里斯托夫：不，我恨她。我真的很恨她。

格丽特：但是为什么呢？你们之间发生了什么事？

克里斯托夫：没事。她就是太愚蠢了，我再也不想理她了！她应该走开！

格丽特：这样啊，这大概不行。她永远不会走开的，她是你妹妹。你会永远与她保持联系的，这不是很好吗？她将永远是你生活的一部分。

克里斯托夫：那我要她死！

格丽特：听着，我可不想听你这么说话。这种话太难听了，斯米拉不应该死！哪怕我这么想一下，我都觉得心疼。

克里斯托夫：我不想让她在我的家里！我们家里不应该有别人，只有你和我！所有其他人都应该去死！

格丽特：我不希望任何人死。我想要我们在一起，开开心心的。

克里斯托夫：那我就去死！那我就不用再看见你们了！

格丽特：喂！我也不希望你死！请别再说这样的话了！我爱你们所有人，如果缺了其中任何一个，我都会感到非常难过。请别这样说话，我受不了。我知道你之所以这么说是因为你嫉妒小宝宝。但是你并没有真的这么想。

克里斯多夫（哭得让人心碎）：好痛！我心里面好痛！一切都应该停止！我讨厌我的生活！我想死！

格丽特（被这个说法吓坏了，但用严厉的语气说）：好的，现在闭嘴吧！我不想再听了！你的生活很美好！可以说棒极了！

克里斯托夫（仍在啜泣）：……

格丽特：来吧，让我们一起去吃冰激凌，只有我们两个人，怎么样？然后你一定会感觉好一些。

但是他并没有好起来。好几个星期他都情绪不佳。这样的对话我们进行了好多次，每次大同小异，但从未找出解决方案。他一定要恨（恨他的一生、他的妹妹、我们全家人），并且想死。我坚持一切都很美好。我真的很担心他。他很生气又难过，这我看到了，但是我说的话对他没有帮助。直到有一天我真正倾听了他的话。当我终于打开我的耳朵和我的心扉时，我们进行的对话改变了一切。

最初，格丽特在与儿子的对话中没有使用积极聆听的方法。相反，如你们在上面看到的，她使用了相对典型的回答，几乎所有父母都可以轻松脱口而出的那种。她给我们讲述了，她先跟克里斯托夫进行了好几次毫无结果的对话，才发现，是自己那些不怎么善解人意的回答阻止了解决方案的产生。再后面一点，我们将再次展示她和克里斯托夫之间的对话，这次她采取了积极聆听方式，也为问题的解决带来了突破。但首先，让我们简要说明一下积极聆听的工作原理。

什么是"积极聆听"?

积极聆听描述了对话的一个过程,在这个过程中,消息的接收者短时间内对发送者产生了共情。他倾听对方的自我流露,并用自己的话语再现信息,以便不加判断地向发送者展示问题,并引导他自己找到解决方案。

这听起来非常高深。其实就是说,倾听者要专心地听出对方的弦外之音,并考虑讲话者可能想表达的意思,找出讲话者自己可能都没有意识到的东西,然后把倾听的结果用自己的话说出来。这种转述会触发发送者的某种感觉——他可能同意倾听者的理解("是的,这就是我的意思"),他也可能否定它("不,我根本不是这么想的")。不管是哪一种,都会在他身上激发一个理解的过程,一个新的、更进一步的想法会在他的脑海里闪现。于是,他越来越接近问题的核心。如果接收者能够在他的应答里既不加入指导性也不加入判断性的成分,那发送者有可能会自己识别出问题所在以及可能的解决方案。这一方面给了他自我价值感,让他对自己感到满意;另一方面,给了他被理解的感觉,让他感觉温暖、亲切。

心理医生要花费数年时间,才能学会在对话中表现出自己完全接受说话者及其感受。如果倾听者能够表达"积极的接受",那么对话可以激发建设性的变化并疏导人的情绪。父母也可以通过学习这种形式的治疗性交流——不一定像心理医生那样专业——使对话变得有益而不是有破坏性。

对话开始：敲门砖！

　　当孩子感到沮丧时，他们希望以某种方式摆脱不适。只可惜在大多数情况下，他们首先使用不利的策略来吸引别人注意他们的问题。他们在父母面前发火、叛逆、抱怨或沉默寡言，但问题可能出在学校或他们的朋友那里。或者，当他们觉得自己在家不受重视或与家人关系淡漠时，他们可能会在学校表现出攻击性，对老师不恭敬。几乎没有哪个孩子会反省自己，并对父母说："我有问题，让我们谈谈。"因此，我们有责任积极寻找其异常或顽劣行为背后的原因，并不急不躁地引导他们把心里话说出来。

　　敲门砖是一些简单的话，我们大人可以用来鼓励孩子表达他们的想法和感受。敲门砖是轻柔地推进，不是马上挥舞"我们必须谈谈"的大棒，也不是满怀好意地对孩子发起突然袭击。它们是可以接受也可以拒绝的邀约。如果孩子开头就说"你是个臭妈妈"或者"我再也不去上学了"或"洛蒂是最卑鄙的朋友"，简单的敲门砖足以使谈话顺利进行：

● 真的吗？

● 哦？

● 这样子啊……

● 这似乎让你很烦，对不对？

● 说吧，我听着呢。

能促使孩子开始进行对话的例子：

孩子："你是个臭妈妈！"

父母："真的吗？"

孩子："是的，真的！我想做的事情一件也不能做，实在太可恶了！"

孩子："我再也不去上学了！"

父母："哦？"

孩子："其他孩子太可气了。我再也不去了！"

利亚："妈妈，塞拉菲娜今天说，利亚，这是弗洛里安；弗洛里安，这是莉亚。"

父母："哦？"

利亚："这让我很生气！我不想要这样！这样不好！"

父母："那看起来真的让你很烦，对不对？"

利亚："是的！我根本不想拥抱他。但是塞拉菲娜这么说时，硬是把我们推到了一起。我感到很不舒服，然后就生气地逃跑了。"

另一方面，如果是家长开始对话，则敲门砖就必须相对具体地提到孩子身上可观察到的行为：

● 你看起来很生气。

● 我感到你今天故意在挑衅我，什么事让你这么烦啊？

● 你今天怎么这么安静啊？

这是父母发起对话的一个例子：

父母："我有种感觉，你今天故意在激怒我。是什么惹恼你了？"

孩子："你让我感到烦躁！你和你的愚蠢规则！我必须一直保持安静，还要体谅小宝宝，要自己玩。"

这样的话大概效果不太好："你想谈谈这件事吗？"或"你知道，如果你想谈谈，随时可以来找我，好吗？"这些话本来是好意，但很少被接受。也许是因为我们人类不愿谈论我们的问题，并且使用这种敲门砖，很显然接下来是一场令人紧张不安的谈话。谁都想避免这种情况。重要的是，如果你不确定问题出在哪里，那么谈话从哪里开始呢？有了好的敲门砖，谈话者就不会觉得他必须马上掏心掏肺，整个过程会更自然地逐步发展。而且由于反馈完全响应了发送者的信息，发送者不必事先知道他的问题是什么，也无须考虑如何用语言表达，他可以简单地顺着倾听者的反馈和他自己逐渐成形的思路往下说，使问题最终自行呈现出来。

不要让对话中断

我们已经详细描述过，人际交流的基本过程始终由想要传达某些东西的发送者和想要了解某些东西的接收者组成。发送者将其消息编码为可识别的符号（话语），接收者又将其解码。接收者根据当时的情况，可以听到消息中的不同内容，也许是人身攻击，也许是请求帮助。这些解码后的消息有时和发送者实际想要传达的不同，而且这种情况发生的频率比我们希望的要高。在日常对话中，如果出现这种情况，已经会令人感到不快。如果是在讨论个人难题的对话中，"用错误的耳朵听"更是会造成灾难性的后果。

因此，在积极聆听的同时，接收者会反馈，他是如何接收该消息及其内容的，以便发送者可以检查一下，他想发送的是不是这个信息。让我们看看格丽特如何使用"积极聆听"：

克里斯托夫：我讨厌斯米拉。我恨她！她真傻！

格丽特：哇，听起来你现在根本不喜欢你妹妹。

克里斯托夫：我没法喜欢她，她太蠢了。我恨她！她应该走开！

格丽特：你希望她去别的地方？

克利斯托夫：她走得越远越好。我不想让她住在我的家里！我们家里应该没有别人，只有你和我！其他人都应该走开！

格丽特：你想和我完全单独在一起，没有其他人？

克里斯托夫（哭泣）：是的，你应该只是我的妈妈，我一个人的。

格丽特（声音哽咽）：你希望你的兄弟姐妹没有被生下来？

克里斯托夫（哭得让人心碎）：……

格丽特（等待着，眼泪在眼眶里打转）

克里斯托夫（啜泣）：自从贝拉来到我们家，你很少有时间陪我。她要不停地吃奶，不停地要人背着抱着。你再也不能和我好好亲热了，因为她一直和你在一起。

格丽特（努力保持镇定）：你希望能继续跟我亲热。

克里斯托夫（低语，哭泣）：是的。

格丽特（低语，哭泣）：现在我正好有空可以亲热一下。（张开双臂）

克里斯托夫爬到妈妈的腿上，两人相拥而泣。

克里斯托夫（哭泣）：好痛！我心里面好痛。一切都应该停止！我想死！这样我就不用感觉痛苦了！

格丽特（哭泣）：你觉得自己再也无法忍受这种痛苦了。

克里斯托夫：我像被撕裂了一样！我不想再有任何感觉！

格丽特：如此强烈地感受到这一切，真是太不容易了。（拥抱得更紧）

克里斯托夫（什么都没说）

格丽特（等待）

出现了停顿，两人都陷入了沉思。

克里斯托夫（大约一分钟后，不再哭泣，但他的脸上仍然挂着泪）：实际上，妈妈，我也爱他。

格丽特（认真地看着儿子，但什么也没说）

克里斯托夫（从妈妈怀里跳下来，疯狂地比画着，充满了爱意）：她总是躺在那里（展示他的双臂如何挥舞），说"啊……啊……"，好可爱。她一看见我就笑，你知道吗？

格丽特（仍然被这种情绪过山车搞得精疲力竭，但是微笑着）：是的，他是这样。

克里斯托夫（已经要出发）：他现在在哪里？我想亲亲他！

积极聆听是不做判断的倾听加上反馈我们听到的信息：

克里斯托夫：我讨厌斯米拉。我恨她！她真傻！

格丽特：哇，听起来你现在根本不喜欢你妹妹。

在他们的谈话中，克里斯托夫说恨他妹妹，格丽特用自己的话转述了克里斯托夫的陈述。当时她并不知道自己是否正确理解了儿子的意思，但通常孩子会清楚地告诉我们，我们误解了他们，或者确认，我们正确理解了他们的意思：

格丽特：哇，听起来你现在根本不喜欢你妹妹。

克里斯托夫：我没法喜欢她，她太蠢了。我恨她！她应该走开！

"我没法喜欢她"是证实格丽特理解的正确。如果她用错误的话表述克里斯托夫的感情，那孩子的反应会有所不同：

克里斯托夫：我讨厌斯米拉。我恨她！她真傻！

格丽特：哇，听起来你很生你妹妹的气。

克里斯托夫：我没生气。我恨她！我十分恨她！

在这种情况下，孩子感到妈妈对自己感情的"翻译"太敷衍了。他没有被正确理解，所以他再次强调了自己的意思。如果我们第一次没有正确地识别孩子的感情，那也没什么，因为孩子通常会给我们很多次机会，不会马上中断谈话。

积极聆听的难点是聆听时要非常仔细，发现微小的变化和细微的差别，然后再进行翻译。否则，谈话将只会在原地打转：

克里斯托夫：她愚蠢极了，我恨她！她应该走开！

格丽特：你希望她现在在别的地方。

如果妈妈在这里没有顺着"走开"的话头往下说，而是停留在"愚蠢"和"讨厌她"的解释上，那么她将使谈话陷入僵局，因为她没有给他一个继续说话的引子：

克里斯托夫：她愚蠢极了，我恨她！她应该走开！

格丽特：你真的很想让我明白，你觉得你妹妹有多愚蠢。

克里斯托夫：她还很笨。笨！笨！笨！她是世界上最笨的妹妹！

这时，格丽特想要对话摆脱原地踏步的状态，使之重新回到正轨上，将更加困难。因为他话里的信息基本上只有"我认为我妹妹很愚蠢"。再次进入这个话题，只会使他们俩原地再转一圈。格丽特也许可以将"世界上最愚蠢的妹妹"转译为"你希望你有另外一个妹妹"：

格丽特：你真的很想让我明白，你觉得你妹妹有多愚蠢。

克里斯托夫：她还很笨。笨！笨！笨！她是世界上最笨的妹妹！

格丽特：那你想换个妹妹。

有了这句话，她可以给克里斯托夫提供另一个否认或确认自己是否正确理解的机会：

格丽特：那你想换个妹妹。

克里斯托夫：不！我根本不想要什么妹妹！我们家里不应该有别人，只有你和我！所有其他人都应该走开！

在克里斯多夫的眼中，格丽特的翻译是不正确的，因此他再次强调了这一点：不是要另一个妹妹，而是根本不要妹妹。如你们所见，他们的对话会稍微走一段弯路，但他们极有可能会回到"我们家里不应该有别人，只有你和我"。因为说出这句话，对克里斯托夫而言太重要了，即使他自己没有意识到：

克里斯托夫：我们家里不应该有别人，只有你和我！所有其他人都应该走开！

格丽特：你想和我完全单独在一起，没有其他人。

即使在之前的谈话中，妈妈没有积极聆听，但这句话还是一次又一次地出现过：

克里斯托夫：她就是太愚蠢了，我再也不想理她了！她应该走开！

格丽特：这样啊，这大概不行。她永远不会走开的，她是你妹妹。你会永远与她保持联系的，这不是很好吗？她将永远是你生活的一部分。

克里斯托夫：那我要她死！

格丽特：听着，我可不想听你说这话。这话太难听了，斯米拉不应该死！哪怕我这么想一下，我都觉得心疼。

克里斯托夫：我不想让她在我的家里！我们家里不应该有别人，只有你和我！所有其他人都应该去死！

即使是在非常不顺利的谈话中，如果妈妈开始积极聆听，还是可能在适当的时机扭转话题。可能有些人一开始觉得积极聆听很困难，但他们尽可以放心，在谈话中肯定有很多时机可以扭转话题。

你们大概注意到了，"只有你和我"或"其他人都应该去死/走开"的说法是谈话的关键点。显然，对妹妹的仇恨是无意识的保护性反应。这个男孩不讨厌他的双胞胎妹妹，而是新生的宝宝（"其他所有人"）。但是由于人不可以讨厌一个小宝宝——八岁的孩子已经很清楚这一点——他不得不下意识地找另外一个人，把强烈的感情用语言发泄在另一个人身上。这就是所谓的攻击转移。所幸妈妈在谈话之前就意识到儿子对妹妹的仇恨与他被剥夺了心肝宝贝的地位有关。因此她从"所有其他人"里听出来，儿子的情感其实与新出生的弟弟有关。但是，为了不打扰谈话，她先不挑明这一点，并像克里斯托夫一样笼统地作答：

格丽特：你想和我完全单独在一起，没有其他人。

克里斯托夫（哭泣）：是的，你应该只是我的妈妈，我一个人的。

她的儿子以"是的"来证实格丽特是对的。然后，他再次强调了他多么渴望单独拥有她。妈妈通过积极聆听抓住了这一点，并重新进行了表述。这次，她稍稍具体地谈到了"你的兄弟姐妹"：

格丽特（声音哽咽）：你希望你的兄弟姐妹没有被生下来。

克里斯托夫（哭得让人心碎）

她本可以把"完全单独在一起"转述得更温和一点，不是说成"你希望你的兄弟姐妹没有被生下来"，而是"你希望你的兄弟姐妹都消失"或者"你希望你和我单独生活在一起"。但是，她说出了可怕的实话，是想向他表明，他的思想是自由的。这一点对她来说非常重要。人们在遭受痛苦的时候可能会产生各种各样的愿望。如果这些想法被禁止，当前的仇恨有可能会固化，以至于原本因心痛而产生的理论上的愿望可能会变成切实的行动。不管妈妈听到他的话有多悲伤，因为他希望自己的兄弟姐妹从未出生过，她也必须把他的真实感受不加排斥、限制或弱化地说出来，这样他才能自己接受这些情感并克服它们。

格丽特：你希望你的兄弟姐妹没有被生下来。

克里斯托夫（哭得让人心碎）

格丽特（等待着）

此时的等待不是积极的聆听，而是被动的聆听，但是如果你不想用现成的套话来回应，这也未尝不是保持对话进行的好方法。格丽特暂时不知道该说些什么，所以她保持沉默，等待着。被动地请求发送者继续说话的其他方式可以是点头、耸肩、"嗯嗯"或"好吧……"。克里斯托夫则利用这段沉默的时间来弄清自己的真实感受。由于妈妈已经用"你的兄弟姐妹"把小弟弟也捎带上了，这就表示希望小弟弟从未出生是可以的，因此他不必担心，可以具体地表达他真正的想法：

克里斯托夫（啜泣）：自从贝拉来到我们家，你很少有时间陪我。他要不停地吃奶，不停地要人背着抱着。你再也不能和我好好亲热了，因为他一直和你在一起。

格丽特（努力保持镇定）：你希望能继续跟我亲热。

克里斯托夫（低语，哭泣）：是的。

这时妈妈即使没有对亲热做出回应，也可以回答说，她听到了，他想更多地和她在一起。这估计不会影响下面对话的大致走向。

格丽特（低语，哭泣）：现在我正好有空可以亲热一下。（张开双臂）

克里斯托夫爬到妈妈的腿上，两人相拥而泣。

克里斯托夫（哭泣）：好痛！我心里面好痛。一切都应该停止！我想死！这样我就不用感觉痛苦了！

格丽特（哭泣）：你觉得自己再也无法忍受这种痛苦了。

尽管这个说法仍然让妈妈感到惊慌，但是这次妈妈接受了它，而不是像以前的谈话那样试图说服他，他的生活多么美好。这样做，不是分散他对痛苦的注意力，而是帮助他真正感受这些痛苦，接受它，把它看作这场危机的痛苦部分。

克里斯托夫：我像被撕裂了一样！我不想再有任何感觉！

格丽特：如此强烈地感受到这一切，真是太不容易了。（拥抱得更紧）

当她"允许"他表达和体会痛苦时，心结就打开了。在痛苦中，他突然意识到他对小宝宝的爱。以前那是不可能的，因为他一直在忙着和妈妈斗争，希望她能真正看到他的痛苦。在为自己的强烈感情的合理性进行斗争时，他对婴儿的慈爱眼神被遮蔽了。

克里斯托夫：实际上，妈妈，我也爱他。

格丽特（认真地看着儿子，但什么也没说）

克里斯托夫（从妈妈怀里跳下来，疯狂地比画着，充满了爱意）：他总是躺在那里（展示他的双臂如何挥舞），说"啊……啊……"，好可爱。他一看见我就笑，你知道吗？"

格丽特（仍然被这种情绪过山车搞得精疲力竭，但是微笑着）：是的，他是这样。

克里斯托夫（已经要出发）：他现在在哪里？我想亲亲他！

在妈妈被动倾听时，克里斯托夫只需要短暂地思考一下，就可以得出结论：他的小弟弟还是有点儿可爱的。然后他从妈妈的腿上滑下来，这标志着他想结束谈话了。追着他想多谈一会儿是没有意义的，对他来说，问题已经解决了。确实，这次对话是突破点。从那以后，格丽特更加重视与两个大孩子在一起的时间。她更多地跟他们亲热，为他们读书，总之花了更多时间陪伴他们。这意味着她自己的休息时间被临时占用了。比如，她不能在沙发上躺着刷手机，让孩子自己玩了，而是主动接近双胞胎，并问他们，自己是不是可以跟他们一起玩。这当然很辛苦，但是她知道，这只是为了克服大危机的一个暂时阶段，所以她宁愿累一点儿。谈话之后，克里斯托夫对斯米拉的仇恨一夜之间消失了。他当然不知道那是一个转移，他实际上是对婴儿感到"仇恨"或嫉妒，但是无论如何，那次谈话和妈妈接受性的聆听都慢慢解开了他的心结。"他想死""生活并不美好"这种话也通通消失了。这让格丽特松了一大口气，因为她曾经十分担心自己的儿子。

谈话何时结束?

父母必须能识别出来,谈话何时结束或者孩子不想再发送情感信息了。这时,明智的做法就是顺其自然并停止积极聆听。有时候,对话结束得很突然,我们大人可能认为有些事情还没有说清楚,但是对于孩子来说已经说明白了。这时候你就别再逼迫孩子了。积极聆听通常只是带动孩子整个内心过程的推进器。这种方式使感觉变得更清晰,具体问题变得更加明显。剩下的事情,孩子将自己解决。他们可能要花几小时、几天甚至几周的时间才能厘清自己的问题并找到解决方案。家长通常不再需要积极地参与这个过程,因为它发生在孩子的内心。

父母打开门,但孩子不进来

有时候,大人会觉得积极聆听根本没有帮助。孩子不透露任何信息,仍然被他的愤怒所困。我和女儿卡洛塔几年前就发生过这种情况。我们收到了一个礼物,那是一个小蹦床。一开始我允许孩子们把它放在床上,这样可以使弹力加倍。但是过了一会儿,我发现这样做有受伤的风险,这是我之前没有料到的。因此,我明确表示,我希望他们不要再将蹦床放在床上了。这使我的女儿很生气。

卡洛塔：你是一个愚蠢的妈妈！太蠢了！

我：你真的很生我的气！

卡洛塔：是的，因为你很愚蠢。

我：你真的很想让我听到，你觉得我很糟糕。

卡洛塔：是的，你应该好好听听。

我：你真的非常生我的气！

卡洛塔：因为你是个愚蠢的妈妈！

我：好的，我听出来了，我惹你生气了。是因为蹦床？（由于她什么信息都没提供，所以我试着把对话朝我怀疑的方向引。）

卡洛塔：你真是又坏又愚蠢！（她不上我的钩。她既不证实我是对的，也不证实我是错的。这意味着，她还没有准备好告诉我，她的问题是什么。她不想谈论它，她只想生气。）

我（略带绝望）：我听出来了，你很生我的气，但我无法确定是什么使你生气。（我最后一次试着告诉她，我的耳朵是开放的。）

卡洛塔：但是我不想说！（走开）

（卡洛塔明确声明：妈妈，我不想谈论它！因此对话结束了，对我来说也是。如果我再进一步深究，她可能会觉得受到强迫而大发雷霆。）

因此，家长要注意，积极聆听很棒，为我们与孩子进行真正的交谈打开了大门，但是，我们的孩子是否要通过这扇门，仍然由他们自己决定。

我们在积极聆听时可能会犯的错误

积极聆听时可能会犯一些错误。如果家长对于这种方法还没有运用自如，有时就会发生这种情况，比如，只是模仿孩子的话，而不是破译字里行间的信息并用自己的话说出来。如果倾听者没有反馈情感信息，而只是重复相同的话语，那么孩子很快就会感到家长像鹦鹉学舌，会生起气来。另外，鹦鹉学舌意味着谈话发生停滞，因为孩子没有从父母那里得到启发而进一步思考。积极聆听是把信息的某些部分听出来并加以反馈，使信息的发送者对自己有更深的了解。如果在错误的时间进行积极聆听或用错误的耳朵接收信息，都会妨碍孩子进一步向我们敞开心扉。要讲清楚这里所有的陷阱，将超出本书的范围。如果你们想更深入地研究积极聆听，我们强烈推荐托马斯·戈登撰写的《家庭会议》。早在二十世纪七十年代，他就描述了如何实现父母与子女之间的平等关系。

从家庭灾难到双赢妥协

莉亚："我想让身上舒服点儿！"

不少孩子早上找衣服穿的时候很麻烦。这是六到八岁之间经常出现的一个阶段。有些孩子有这样的问题，是因为他们在学校遇到来自同龄人的压力，因此对他们来说，这实际上是衣服本身的问题。他们不确定哪些衣服会被接受，哪些会被嘲笑。对于另一些人来说，问题的原因在于他们不想上学。无法决定穿什么衣服实际上是一种无意识的策略，想拖延出门的时间，或者让自己无法上学。还有一些孩子，他们是觉得衣服穿在身上很不舒服。他们的身体正在猛长，对自己新的身体比例感到很不习惯，而衣服的面料又加强了这种感觉。他们真是感到"身上不自在"。但是家长可以放心，这样的问题出现的时间很短，在我们调查的父母中，所有孩子早上上演的穿衣闹剧都不会超过几个星期——当然这段时间里，家长有可能觉得度日如年。

如果你们有像钢丝绳一样强健的神经，那么你们可以坐等这个阶段的结束。但是，我们大部分的家长都是凡人，让我们看看下面的例子中四十五岁的特亚对女儿莉亚每天早晨的情况感到多么绝望吧。

我已经受不了了。我真是没有耐心了。每天早上，我们家都会上演一出悲剧。每天早上啊！而且这里的眼泪不是表演。我可以看到女儿的眼神中充满了绝望，但我不知道该怎么办。

问题是，莉亚的衣服突然变得"不合身"了。一夜之间，它们突然变得不是太紧，就是太肥，或者太长、太扎人。至少她是这么说的。不久以前，她还挺喜欢穿这些衣服的，她也觉得这些衣服很漂亮。现在，她每天早晨在衣柜前哭作一团。这让我很烦。很抱歉，这么说可能显得我有点儿没心没肺。天啊，那只不过是几件衣服。随便她穿什么都行，都没关系，只要不裸奔就行。

但是她说，所有衣服摸起来都很难受，然后躺在地上就哭。有时候我劝她，她还会试几件。三条裤子、两件 T 恤、五件连衣裙……哪件也不合身，转身就脱了。她哭啊，哭啊。房间地板上，衣服扔得乱七八糟。时间不早了，我们必须去上学了。现在穿衣压力之外又加上了时间压力。她一边大哭一边无奈地穿上了一条短裤和一件 T 恤。她歇斯底里地哭着，扯着衣服给我看，一切对她来说多么可怕。但是她知道她必须穿些衣服，所以也就没有再脱下来。

然后是鞋子。同样的剧情：鞋子太糟糕了，它们太磨脚、太重、太挤。莉亚几周前还挺喜欢它们的。是她自己选的，一直穿着也没有任何问题。它们一点儿都不小。一切看起来都很好，我找不到任何太小、太紧或太扎人的地方。我真的找了！最后我总算说服她不把鞋子脱下来。

她哭着和我一起离开家。然后她拖着步子自己去上学，告别的时候会亲我一下。奇怪的是，衣服一旦穿上了，情况也就没那么可怕了。她一天中慢慢适应了自己的衣服，不再觉得难受了，只有开始穿的时候比较麻烦。我感到很无助，我真不想管了，每天这样闹，我真是筋疲力尽了。

正如妈妈自己正确地陈述的那样，女儿的绝望和不适不是装的。莉亚可能是有点儿表现过激，但是我们可以通过她试穿衣服和准时出门等行为看出来，她基本上是有合作意愿的。妈妈也很配合，即使她无法理解，但也认真对待了女儿的痛苦。这是找到双赢方案的良好先决条件。

解决方法

心理学家托马斯·戈登在他的《家庭会议》一书中描述了一种没有失败的方法，通过这种方法可以找到兼顾所有相关人的需求的妥协方案。他描述了家庭在需求冲突中可以采取的六个步骤：

第一步：识别并定义冲突；

第二步：开发可能的替代解决方案；

第三步：认真评估替代解决方案；

第四步：确定最佳的可接受的解决方案；

第五步：找出实施解决方案的方法；

第六步：后续检查，以评估这个方案是否奏效。

实际上，就是要父母与孩子们坐下来，说说困扰他们的东西：

父母："我们一大早就拌嘴，我感到压力很大。我知道你的衣服让你不舒服，所以你无法穿上它们。"

孩子："它们摸起来特别难受。我什么衣服都不想穿。我所有的衣服都很傻。"

父母："你什么衣服都不想穿，但是我们不能允许你不穿衣服就离开家。"

孩子："我也没想那么干。那我不就赤身裸体了嘛。"

父母："我们应该怎么办，才能让你觉得你的衣服舒服呢？"

根据孩子行为的不同原因，解决问题的方法可以有几个选项。如果孩子感觉自己的衣服不够新潮，那么双赢的折中办法是，给他们一笔钱，金额要在父母可以接受的范围，孩子可以自己去购买新衣服。这也能同时满足他"长大"的愿望。但是，必须遵守法律规定，德国法律仅允许七岁以上的儿童用零花钱购买糖果或书籍等小物品。因此，在购买衣服时父母可能需要在场。

如果孩子早上选衣服时犹豫不决，父母可以和他约好，他头一天晚上整理出两套衣服，早上只允许在这两套衣服之间进行选择。事实证明，重新整理衣柜，将衣服成套地（衬衫、裙子、连裤袜或衬衫、裤子、袜子）放在一起，是一种有效的办法。这样一来，早上就不再需要考虑将哪些衣服搭配在一起了，只把它们分成那套白的、蓝的或绿的就行了。

有时，孩子们提出了不可接受的解决方案："我不穿衣服，不去上学！"这根本不可能，因为德国孩子是义务教育。如果家长妥协，那将是一个双输的局面，即使一开始孩子不这么觉得。如果早上折腾的原因是孩子不想上学，则必须首先从根上找出原因，为什么孩子想尽量避开学校。这时积极聆听可以派上用场。也许孩子害怕某位老师，对众多的要求感到不知所措，或者被同学欺负。这时一定要咨询一下班主任。如果消除了不愿上学的原因，那么早上的闹剧通常也就消失了。

对第二步里建议的解决方案，大家都不要进行评价。接受所有建议，不加评论，然后在第三步中共同评估："哪种解决方案能使我们大家都满意？"如果解决方案对某个家庭成员完全不可接受，他可以使用否决权。就像下象棋时的自由棋一样，大家可以共同考虑其他的步骤。在每个人都达成协议后，在第四步中应该在脑海中演习一遍解决方案。每个人都应该问自己的是：这行得通吗？对所有人都公平吗？

在特亚与女儿交谈之后，她发现，莉亚的问题显然是皮肤的感觉。她正在猛长。一夜之间，她本来熟悉的衣服可能就会变得奇怪而且局促。莉亚和特亚尝试了几个可能的办法。莉亚不想让妈妈再把她的衣服放在烘干机里烘干，因为她说衣服会变紧。妈妈同意了，她还购买了另一种洗衣液，希望能改善皮肤的感觉，但是没发挥什么作用。

莉亚后来挑选了一条手感不错的短裤，决定只穿这件。这让特亚觉得很难接受。白天裤子会穿脏，特亚坚决要求，裤子每天都要洗一次。莉亚接受了这个愿望。她让妈妈买了一管旅行洗涤剂，每天晚上自己在洗手盆里洗裤子，然后挂起来晾干。早晨起来，这样洗的裤子当然比普通洗衣粉洗的要硬得多，但这是一个突破。早上她把裤子揉软，穿上的时候不再有什么抱怨。虽然她也会撇撇嘴，咕哝两句，这对妈妈来说还是有点儿烦，但是可以忍受。

孩子发明的这种解决方案里，有一点很有趣，那就是手洗用的洗涤液会使衣服在皮肤上的"奇怪感觉"变得更糟。尽管如此，莉亚现在显然可以更好地容忍这种感觉。我们也许可以这样理解这种现象，即孩子能够通过积极的行动，使自己不再无助地忍受皮肤不适。关于习得性无助的研究表明，如果人们相信自己有能力改变不愉快的状况，他们会觉得更舒服一些，尽管客观上没有任何改变。

莉亚和特亚也找到了关于鞋子的折中方案。因为是夏天，莉亚可以赤脚走路去上学，她把凉鞋放在书包里。路上她会小心碎玻璃和烟头。到了学校，她在教室里穿便鞋，课间休息时在校园里穿凉鞋，放学后立即把鞋脱下来。回到家她甚至想到自己要洗脚，以免把家里弄脏。整个暑假，她都尽量少穿衣服。新学年开始时，早间"穿衣闹剧"突然就结束了。真是谢天谢地！

这种双赢妥协的方法需要实践，一开始可能看起来很麻烦，尤其是对于年幼的孩子。但是做的次数越多，就越容易找到解决方案，因为大脑定期得到训练去寻找替代方案。另外，共同寻找解决方案可以迅速冷却激动的情绪，并且营造一种开放的讨论氛围，在这种氛围中，参与者秉着"我们将找到一个大家都可以接受的解决方案"的态度相互靠近。通过这种方式，孩子们学会了，在大多数情况下，冲突是可以用语言解决的。而且，谈判比争辩或强行贯彻自己的意志更有利。最重要的是，父母与孩子之间的关系更加融洽，不会因使用权力而变得糟糕。如果孩子们意识到自己的需求得到了认真的对待，他们通常愿意停止那些我们认为是负面的或想要限制的行为。如果我们向他们解释清楚我们的愿望和需求，他们会尝试与我们一起找到一个好的解决方案。

卡洛塔六岁半时，有一段时间她对我们不屑一顾、脾气暴躁。我们时不时地会在我认为微不足道的事情上发生冲突。我怀疑她想要更多的自由，但自己还没有意识到这一点。那时，我们早上必须乘坐四十分钟的公共交通工具才能到她的学校。一天早晨，她自发地表示，她要独自走这条路。尽管我很理解她对独立的需求，但我还是产生了极度的担心。毕竟我们住在柏林。

她还不太识字，有时城际轻轨发车时间不正常，我们在火车站也没少遇见疯疯癫癫、好斗或醉酒的人，作为成年人我也会离他们远远的。她还得横穿几条繁忙的街道。我确信，这条路卡洛塔记得很清楚，自己也能走，但是一想到会发生不可预测的事件，我还是觉得，对于一个六岁半的孩子，这显然超出了她的能力范围。然而，她暴躁、不满的情绪表明，她需要更多的自由和更多的挑战。那该怎么办呢？

我们聊了很久。作为父母，我们提出了自己所有的恐惧和理由，而她则试图消除我们的恐惧。她明白我们说的好斗的、疯疯癫癫的那些人，她和我一起乘车时也觉得他们很可怕。当我们讨论一路上哪里最危险时，我们一致认为，有两个中转站可能隐藏着最大的困难。轻轨车站经常出现混乱，必须能够识字才能看明白火车的真正行驶方向。而大多数的疯子都在地铁换乘站蹿来蹿去。对于六岁半的孩子来说，路线的起点和终点虽然也都很有挑战性，但还是可行的。

卡洛塔大多数同学的父母都与孩子进行了类似的交谈，他们的办法是，与孩子一起到达目的地车站，他们不下车，坐着地铁继续去上班。孩子则从那里独自横穿一条交通繁忙的街道去学校。但是我和卡洛塔决定，让她自己走开头那段路，因为自从她出生以来我们就一直走这条路，所以她对这段路非常了解。一开始，她得穿过一个有红绿灯的巨大的十字路口，这让我最头疼，因为即使是红灯，有的司机也不管不顾。然后她需要步行约十分钟到地铁站，坐两站，下车，再在红绿灯那儿过马路，到我们最喜欢的咖啡馆前等我。于是，早上我和海伦娜、约舒阿一起站在大门口，看着卡洛塔安全地穿过我们家门前巨大的十字路口。到了马路对面，她向我们挥挥手，然后跑进地铁站，而我则出发把她的弟弟妹妹送到幼儿园。

一方面，对于卡洛塔来说，这条路线令人兴奋，足以满足她对自立和克服危险的需求。从那一刻起，她不高兴的举止消失了。另一方面，对于我们大人来说，这条路线足够清楚和熟悉，不至于让我们对孩子安全的需求过于强烈。我们知道，她了解路上的一草一木，如果遇到不可预见的事情，比如封路，她会自己想其他办法解决。为了进一步加强我们的安全感，我们给了她一部旧手机，以便她可以在紧急情况下给我们打电话。虽然整件事还是让我们大人提心吊胆，但我们的担心在可以忍受的范围之内。我们找到了双赢的方案。

这个故事里有趣的是，尽管卡洛塔已经能够接受我们的观点，但她仍然无法因我们的某些恐惧引起共情。我们主要担心疯子可能将她拖到车里。但是，这种风险对她来说十分抽象，以至于她认为它是无关紧要的。这很容易理解，当人要体谅他人的恐惧时，前提条件是自己至少经历过类似的情况。卡洛塔没有自己的孩子，也不知道有时候爱一个人就想步步紧跟地保护他。她也没有看过任何关于失踪儿童的报道，没有在报纸上读到过拐卖儿童的故事。即使我们做父母的告诉她可能存在的危险，但由于缺乏经验，她似乎只是隐约地感到恐惧。但是，她经历过列车的调度混乱，见过咆哮的酒鬼，因此她对我们这一理由的反应更加明智。对这些情况她有具体的设想，所以她明白，为什么整个旅程对她来说还是有点儿太挑战了。

根据年龄段实现双赢妥协

在寻求双赢妥协方案时，父母应牢记孩子的年龄。大致的指导原则是：孩子越小，孩子对他人需求的让步就越少。

四到五岁

在这个年龄段，孩子刚刚开始学着转换视角。这时，孩子的大脑基本上可以以另一个人的视角看某个情况，但是仍然缺乏参考情况和练习。因此，这个年龄的孩子自然很难改变自己的想法，也不太顾及他人的愿望和需求。所以孩子每次的让步，无论多么微不足道，都应该视为成功。比如，孩子想继续待在游乐场里（需求：玩耍或学习），而父母想回家（需求：放松或进食），父母建议他们再待五分钟，如果孩子这时说要再玩十分钟，那已经是双赢了。毕竟，他已经不再坚持最初留下不走的愿望了。这是一个学习过程，如果家长这时过于强调配合，很可能欲速则不达。在这个年龄段，应该为以后的谈判打下基础，孩子应该对谈判留下积极的印象。家长应该努力使孩子们意识到，不坚持他们的意愿也有好处，这会使彼此的相处变得更加容易。

六至八岁

大约六到八岁的时候，孩子已经很清楚，他人对情况会有不同的看法，因此他们的愿望和需求与自己的会有所不同。这种认识如果已经成熟，就可能实现真正的双赢了。从孩子们的游戏行为中也可以看出这个变化，他们在社交游戏（角色扮演）中会更多地考虑朋友的愿望，当然还是免不了发生争执。如果一个孩子感到自己没有被大家接纳，他会觉得被冒犯并离开游戏。

对于大人来说，这意味着我们应该继续体贴地与孩子们寻求双赢的方案。我们成年人尽可以摆出我们的需求，并坚持把我们的需求考虑在内，但是我们也必须意识到孩子的边界在哪里，在什么情况下他们可能就不跟我们玩了。

海伦娜六岁时，有一天早上我在洗手间与她进行了以下对话：

我：快去穿衣服吧。

海伦娜：我不喜欢一个人待在房间里。请你跟我一起来。

我：我自己要去穿衣服了。

海伦娜：那我等你穿完。

我：我们今天没有时间。我们必须马上出门才能不迟到。

海伦娜：那我们可以把你的衣服拿到我的房间穿吗？

我（实际上我不同意，但她确实努力地提出了双赢的建议，所以我说）：哦，实际上，我们可以这么做。

在这种情况下，对我来说重要的是不必停止穿衣服，我希望她立即穿衣服，但她坚持不想一个人穿。我们的双赢妥协方案给了双方想要的东西。我不得不半裸着从洗手间走到儿童房，这样做对我来说是一个可以接受的让步。

九到十岁

如果事先进行了持续的训练，那么九至十岁的孩子完全有能力做出关照所有人的让步。在这个年龄段，如果他们发现他人的需求更为重要，那么即使他们目前觉得并不完全公平，也有可能为了他人而完全放弃自己的想法。现在，父母和孩子的需求确实是"平等的"。在大多数情况下，这个年龄段的孩子会在考虑到父母的意愿或需求的情况下，自己提出折中方案。比如，孩子想要一条特别的、昂贵的牛仔裤，会建议父母，给他买一条一般裤子的钱，其余的他用零花钱补上。因为他已经预料到，父母不会给他买那条特别的牛仔裤，所以给他们提出了双赢妥协的建议。

我们必须注意的是，任何人（不论是父母还是孩子）都没有必要过多地放弃自己的愿望。尤其是当弟弟妹妹还没有学会隐忍他们的需求时，家长必须更加关注大一点儿的孩子。

遇到困难时：摆脱框框思维

当我还是个小学生的时候，我们很喜欢解烧脑的难题。比如，如何在不停笔的情况下，仅用四条直线连接排列成正方形的九个点。我们真是绞尽了脑汁，但是无论我们怎么努力，这九个点根本连不起来。我们要么必须停下笔才能做到这一点，要么必须画出弧线。

当然，问题在于，我们的大脑将标记正方形边缘的那些点解释为边界——我们一直让笔不越过边界。但越过边界才是解决方案，如果在正方形之外寻找虚点，则可以轻松地用四条直线将内部的点连接起来，而不会中断。创造性思维！这个解决方案是如此简单，以至于后来我们真的想知道，为什么我们花了这么长时间才找到这个解决方案。我们自己加上了其他限制——将笔保持在虚拟的正方形内，结果阻碍了自己的思路。

当努力寻找双赢的妥协方案时，我们做父母的常常也会碰到这种情况。我们的大脑已经太过经常地以固定的方式思考，以至于我们常常无法想到最简单的解决方案。限制我们思路的最常见的"框框"是"大家都不这样做"或者"这样做是不允许的""这行不通""没办法，就是这样"，还有大家常说的"我们一直都是这样做的"。这些往往是没有必要的限制，反而妨碍了一家人找到解决问题的好方案。

有一年冬天，我有过"这样怎么能行呢"的经历：

我的女儿海伦娜的皮肤非常娇嫩，如果她在户外玩的时候不戴手套，她的手很快就会变得粗糙皲裂，并且随时可能流血。我患有特应性皮炎，所以我很担心她有同样的问题——我希望她在手上涂上油腻的护手霜，以便皮肤能很快愈合。但是我无法说服海伦娜。她讨厌抹护手霜。我很能理解她，我也不怎么喜欢那种感觉。老实说，我也是在痒得不行的情况下才抹。但是在海伦娜这件事上，我不想让步。毕竟，在我眼里，我比她清楚什么对她更好。我们进行了激烈的争论，考虑在这种情况下谁的需求更重要。最后海伦娜建议，她入睡后我可以在她的手上涂护手霜。这样一来，她就不会感到手上那油腻腻的令人作呕的感觉，而且皮肤可以在夜里得到恢复。

实际上，她已经找到了完美的双赢妥协方案，但我的第一个冲动就是："这不行！"我知道这行得通，但我怀疑我们这样做太容易了。孩子不是必须学习忍受不愉快的事情吗？但是后来我想到了卡洛塔，当她还是个蹒跚学步的孩子时，特别害怕剪指甲，后来她同意我在她睡觉时给她剪指甲。白天她清醒时，我经常当着她的面剪自己的指甲，给她做榜样。后来她终于克服了恐惧，开始自己剪指甲了。在她身上我们也一起选择了阻力最小的道路。而面对海伦娜的情况，为什么就不行呢？我只是被困在了自己的框框里。没有人规定只有在清醒时才允许护理皮肤。我睡前给自己的女儿涂护手霜，会有什么问题吗？根本不会。

这只是一件小事，很快就完成了。护手霜会改善皮肤状况并减轻我的烦恼吗？是的！这个解决方案是否考虑到海伦娜的感受，她不必感觉油乎乎的？是的，一点儿没错。因此，如果这不是双赢的折中方案，那是什么？

你们可能想知道，为什么晚上抹护手霜这种小事，我会考虑这么久。现在，我自己一想到当时的犹豫，也会不由自主地翻白眼。但这就是跟自己的博弈——每个人都有自己的局限性。有些人无法接受孩子在早餐前吃甜食，另一些人听到孩子要穿白天的衣服睡觉就感到震惊，还有一些人无法接受在浴室以外的任何地方刷牙。所有这些"这样不行"的框框有时就会妨碍我们找到良好的双赢妥协方案。这并不意味着我们必须把这些反感情绪都改掉。那不是问题所在。我们只需要知道它们可能会阻碍我们。因此，如果你们与孩子陷入需求冲突，并且已经出现了双赢的解决方案，只是一开始让你们感觉不舒服，那么请花点儿时间冷静一下，诚实地问自己："为什么不呢？"如果你们不能给自己满意的答案，那么你们可能是陷入了上面讲到的"九个点困境"。希望你们最终可以自信地说："去他的。这是我们自己的家庭，我们自己的游戏，应该用我们自己的规则。"

以亲子关系和需求为导向度过五到十岁

当然，我们希望自己的孩子表现出同理心、行为符合社会规范，但是我们如何鼓励他们这样做呢？我们该怎样帮助他们？在前面的章节中，我们已经涉及了许多主题。在这一部分中，我们想总结一下，对五到十岁的孩子进行以亲子关系和需求为导向的教育最重要的内容是：展现真实的情感，允许失望，提供真正的安慰而不是即时满足，指出自己的界限，做出有同理心的反应而不是威胁或奖励，行为可靠，并接受孩子的界限。

展现真实的情感

前文表述过，处于不同感情状态下的人会表现出哪些面部表情和手势，以及对方如何对这些感情做出反应，这些信息需要在孩子的大脑中首先存储起来。我的工作是与那些被确诊"行为异常"的孩子打交道——我的学生通常无法确定对方的情绪状态。也就是说，他们意识不到，他们做的事情让对方生气。他们无法从对方的表情或姿势中看出这一点。由于他们无法识别这些信号，他们通常会继续下去，直到对方怒气爆发，这时候才会引起他们的注意。他们能认识到爆发是一个信号，但是当对方怒气爆发时，他们通常会感到惊讶。因此，我们必须在学校里逐步培训他们，让他们学会"破译"他人的面部表情和手势。比如，皱眉通常意味着愤怒，眼泪可能意味着悲伤。通常，对很小的孩子来说，这个任务是由父母或幼儿园老师完成的。他们教会孩子如何体贴和理解另一个孩子。

此时，大人还有另一项重要任务：孩子们必须体验，如何正确地对悲伤或愤怒的人做出反应。拥抱一个悲伤或受伤的人，安慰他们，让他们哭泣，或者认真倾听一个生气的人的话，而不是提出他并不想要的解决方案。当孩子在痛苦、悲伤或愤怒的情况下得到富有同情心的对待时，孩子会学习富有同情心地对待他人。但是，我的学生的父母常常在童年很少有这种经历，因此他们无法将这些知识传授给自己的孩子。他们的孩子跌倒哭泣时，他们（无意地）做出无情的反应："站起来，别哭了。没事。"这样的反应是有问题的。如果一个老奶奶跌倒在人行道上，我们不会走过去说："起来吧，没事的。"我们会冲过去帮助她。我们会陪着她，直到她说她还好。这些都是正常的反应方式——如果小时候有过这种经历的话。

因此，重要的是，当我们内心产生情感时，我们大人应该做出真实的反应。如果大人很生气，却强装笑脸，和声细语地说："这可不怎么好，康斯坦丁·诺亚！"甚至做出一副缓和事态的表情，那将会适得其反，因为它会妨碍孩子的大脑正确存储信息。孩子不知道，当他四处乱打、出言不逊或做好的事情时，会触发对方什么样的感受。为了发展同理心并能够表现出同情心，迫切需要正确存储包括反应在内的各种行为。

这一点之所以很重要，是因为如果缺乏这些信息，风险评估将无法正常进行。大脑的控制系统在几秒之内就应该做出权衡——回击是否有意义，会不会对自己或他人造成过多伤害。为了评估危险，大脑需要可靠的先验信息。这并不意味着成年人应该反击，让孩子"好好学学"，因为那样一来，"大人可以打孩子"这样的信息将被存储在孩子的大脑中。我们可不想在孩子的头脑里植入这种冲动。但这意味着，作为成年人，你可以在孩子把你弄疼时做出愤怒的反应。也许你可以转身离开，去另一个房间让自己平静下来。也许你会停止正与孩子一起玩的游戏。总的来说，你应该尽量全面、丰富地表达所有的感觉，运用面部表情和手势，以支持孩子同理心的发展和前额叶皮层的功能。

但是，我们并不是说，父母可以"忘乎所以"。成年人在控制不住自己的怒气时，常常这样给自己找借口："我这是真实反应……"不对，这不是。

孩子可能引发了大人无节制的尖叫或咆哮，但他们不是这种极端感觉的真正原因，因此也不应该让他们受这个罪。有些专家认为，这种不受控制的爆发是一种被触发的、在时间和空间上发生位移的反应，这种反应本来应该发生在自己的童年时期，但那时并不具备条件。这种判断是否适用于所有的情况，大家可以讨论，但实际上并不重要。关键是要记住，孩子不需要为父母的感受承担责任。我们的感受应该由我们自己负责。放弃这一责任并将其移交给孩子，不是成年人的做法。

允许失望

为了在生活中立足，孩子们必须发展心理复原力，这意味着他们必须学会忍受和克服小小的挫折，使自己变得更坚强。复原力的神经先决条件在人脑中已经具备，但仍需要得到训练。自我效能感和社会共鸣是发展复原力的基础。如果孩子从小就可以自己处理和实现目标，那么他就会超越自我并发展出真正的自信。如果周围的人给他们反馈，表明他们也相信孩子可以实现目标，那么效果将会增强。

家长的内在态度比他们的言语重要得多。当父母嘴上说"你能行"，手上却害怕地抓住攀爬的孩子时，孩子的大脑会对手的动作留下更深刻的印象。在孩子的大脑中，这种不安的感觉更有可能保留下来，让他们觉得只有在有帮助的情况下才能进行攀爬。因此重要的是，从一开始就允许孩子失败。即使是还不会爬的小宝宝，因为拿不到玩具而发牢骚，也不需要帮助，除非他们真的大哭起来。他们感受到的这种挫败感是内在动力的源泉，是超越自我和学习新事物的动力。如果我们大人过度看护，让他们免受这种挫败，那我们就是剪秃了他们的翅膀，而没有让他们学会克服困难。

孩子们还必须学会忍受轻微的情感挫折。对于我们家长来说，这通常很难忍受。当玩具坏了或丢了时，经常可以听到父母安慰地告诉孩子，他们会买一个新的，而不必看着自己的孩子难受半个小时。我很能理解这种做法，而且我自己很长时间也这么做，因为我实在受不了自己的孩子如此难过。如果最喜欢的发卡在玩的时候折断了，我就买个新的。每当我的一个女儿被邀请去朋友家过夜时，我都会给另一个女儿一点儿安慰，允许她下午去看电影。但是现在我知道，这种方法并不好。我本该更好地安慰她，并在她痛苦时陪伴她，而不是迅速地消除失望，因为这样等于削弱了他们的大脑承受挫败感的能力。

把困难推到一边置之不理并没有解决问题，还会培养出缺乏生活能力的人。那些人会因为遭受一点儿小挫折就崩溃，甚至因为害怕失败而根本不去解决问题。有些用人单位抱怨，他们的员工做事情缺乏毅力，更不用说在逆境中咬紧牙关、坚持到底了。他们的大脑从未受过这方面的训练，你要他们怎么办呢？如果大人出于爱，不想看到孩子遭罪，替孩子排除了所有的困难、挫折和悲伤，那孩子又能怎么办呢？

提供真正的安慰而不是即时满足

举个例子，一个爸爸工作很忙，不能履行承诺陪儿子去钓鱼。因此，他送给儿子一根新的、很贵的钓鱼竿作为"补偿"。一方面这可以安抚自己的良心，另一方面可以减轻孩子的失望感。但这并不能真正帮助孩子。昂贵的钓鱼竿当然很好，但是父亲的这种举动却向儿子的大脑暗示，人无法忍受失望和痛苦，一定要分散他们的注意力。

爸爸送的钓鱼竿可以满足大脑中懒惰的基本系统，这个系统需要快速满足需求。如果不断给它喂食，那么有一天它会比前额叶皮层更强大。然后，大脑就学会了把痛苦暂时推开，去寻找即时满足，这会让大脑中释放一种"奖励"激素，人也会在短时间内感觉良好。如果孩子从父母那里学到了可以通过"舒服的事情"转移对痛苦的关注，大脑就不会学着去复原，而会急于寻找替代物，如暴食、酗酒、购物、电子游戏，等等。

真正的安慰与虚假的安慰之间存在质的差异。前者使人感到真正的舒心和释然。假的安慰则是替代满足。父母可以偶尔使用它——我自己也这样做——但他们应该意识到，这只是一个临时措施，效果很快就会消失。

如果爸爸在晚上坐下来，向儿子解释自己不能一起去钓鱼这件事，并且能够忍受孩子的哭泣和怒气，让孩子靠在他的肩膀上，把难过的情绪都哭出来，那么他就会给孩子真正的安慰，从而提升孩子大脑的相关能力。在将来出现令人失望的情形时，孩子就不会崩溃，而是能够应对失望，因为大脑已经在亲人的帮助下经受过一次这种情形了，它知道它能应对。大脑成功应对的经验越多，孩子应对失望的能力就越好。和家长共同承受失望和痛苦会使大脑中产生大量的幸福激素。儿子哭泣后感到筋疲力尽，但也会感到舒畅和满意。周围人的同心协力、爸爸富有同情心的回应，共同达到了这样的效果。新的钓鱼竿根本就没有必要买了。

展示自己的界限

我们这一代做父母的希望能与我们父辈的育儿方式不同，但有时我们却没有注意到，我们经常让孩子越过我们的界限。如果我们感觉不舒服，我们一定要说"停"！如果我们大人没有指出真实的界限，我们的孩子应该如何学习体谅他人呢？我们有责任照顾好自己，因为这对我们的孩子也有帮助。隐忍的能力，即放弃自己的愿望和冲动，以及忍受延迟的需求满足，是由前额叶皮层调节的，并随着训练而更好地发挥作用。除了父母和其他成年人，同龄的孩子群体也是重要的训练伙伴。因为孩子们经常清楚、直接地向其他孩子展示自己的界限。比如，如果一个孩子不想被拥抱和亲吻，他通常会把拥抱他的孩子推开。当然，这不是一种特别能被社会所接受的方法，但是用这种方法来展示界限却非常直接而且令人印象深刻。

成年人展示自己的界限时当然要更注意一些，他们不应该冒犯孩子。家长可以说："我现在不想和你一起玩。我累了，想喝点儿咖啡。喝完我来找你。你自己先玩一会儿。"也可以说："喂，能不能让我安安静静地把咖啡喝完！我现在不想和你玩。我累惨了，你没看见吗？你玩你的去吧，别烦我了！"在两种情况下，父母都明确表示他们很累，不想现在就玩，但是第二种显然很伤人。

对父母的这种暴力交流，孩子通常会以挑衅的方式做出回应；而如果父母以不伤人的方式展示出界限，通常会得到配合。

共情，而不是威胁或奖励

父母用惩罚或奖励等方式教育孩子时，他们实际上是在强调自己在体力、财力或心理上的强势，促使子女以符合社会规范的方式行事。这听起来有点儿吓人。我们的意思是，这种情况下，父母是孩子的"教练"，他们决定什么是违反规则以及受到什么惩罚。如果孩子在游乐场上扔沙子，家长可能会决定，下次孩子再这样做，就要离开游乐场，不能再玩了；如果孩子屡次回家很晚，他们可能会暂时被剥夺独自去任何地方的权利，直到他们的行为表现出更多的责任感；如果兄弟姐妹彼此争吵，他们可能会被父母分开，必须待在不同的房间里，直到平静下来。可以说，父母处在比孩子更高的权力层面上，他们决定什么样的行为是对的。良好的行为可以通过表扬或奖励得到加强，而不好的行为则应通过惩罚或逻辑性后果来防止。

我们在日常生活中也能遇到这种做法。比如，开车超速的司机将被罚款；工作不合格的员工将受到警告甚至被解雇。但是，如果我们表现出特别投入，那么就有可能获得升职或加薪；如果我们总是在同一家超市购物，我们会得到忠诚度积分奖励，之后可以选择精美的礼物，但是如果我们喝了酒在那里打砸，我们将被禁止进门。就我们而言，更高的权力层面是警察、老板、超市经理、少管所、国家，对我们的孩子而言则是父母、幼儿园老师、学校老师或圣诞老人。

有趣的是，我们成年人也会尽可能地躲避这个惩罚系统。比如，如果一条路上很明显没有测速摄像头，有些人就会不遵守限速规定；有些人因为不想在废品回收站支付费用，就可能在没人的情况下去森林里非法倾倒垃圾。而且，大家经常会看到有人随意将吃剩的肉饼或喝完的咖啡纸杯扔进别人停放的自行车的篮子里。每个人都明白，对于自行车的主人来说，发现这个别人丢掉的、有时令人作呕的垃圾，然后不得不将其拿走是多么不舒服，但这并不能阻止有些人一次又一次地这样做。

所以，以赞美或惩罚为支撑的育儿方法有这样一个弱点：如果孩子受到父母这样的教育，大脑中会形成——简化了说——相对较短、无分支的神经通路。为了简单起见，我们将其称为"如果……那么……"神经通路。只有感觉背后有权力在督促时，它们才会被激活。如果感到没人看管自己，这些通路就不会被激活，或者只有部分被激活。如果没有父母的监督，孩子很可能仍然会在游乐场上扔沙子。即使父母给孩子解释了为什么禁止乱扔沙子，因为其他人会觉得不舒服，但存储在大脑里的主要的因果关系仍然是"如果我扔沙子，我必须离开游乐场"。孩子虽然知道了为什么不应该扔沙子，但从未学会独立负责地行动。只有在受到威胁时，他的神经元才会活跃，他的大脑才会终止扔沙子的行为。从根本上讲，孩子的大脑只学会了服从。

大多数人已经很好地将我们社会的准则和价值观内化了，他们不再是因为考虑到惩罚，才"正确行事"，但惩罚仍然作为潜在威胁存在于他们的记忆中。通过这种方式，孩子们可以完全内化不扔沙子的规则，即使没有直接监督，他们也不会这样做。始终遵守限速的驾驶员，或在超市里不偷窃、不拉开易拉罐的人，情况也是如此。因为我们的道德良知敦促我们采取或避免某些行动——我们已经在关于道德发展的章节中谈到了这一点。这是教育希望达到的效果，是将我们的社会凝聚在一起的力量。个人的行为是在理性层面上得到控制的。但是，正如我们前面写到的，这种通过理性进行的良心检验，在某些人身上行不通。因此，我们必须依赖于另一种教育方法，鼓励孩子们通过自己的行为得出关于道德和社会的结论。他们必须转换视角，并且能够判断自己在别人的位置上会有何感受。（"如果我把弟弟的小熊糖拿走，让他会难受吗？"）只有这样，他们才能独立评估和重新思考自己的行为。（"是的，如果这样做，我就是坏人了，因为他会很难过。"）他们随后做出的决定可能在父母的眼中是"错误的"。（"无论如何，我必须拿到他的小熊糖！"）但是重要的是，他们要有机会做出不正确的或自私的决定，因为只有通过体验接下来发生的受害者的真实感受和回应，才能在大脑前额叶皮层中存储自己行为自然而真实的后果。（"糟糕，我弟弟真的哭了！"）如果成年人不加以干涉，在这种情况下，孩子需要同时考虑同理心、道德规范和社会规范，在孩子的大脑中会形成长而复杂并且嵌套的神经通路，这些通路不会只有在赞美或惩罚的力量站在背后时才发挥作用。孩子学到了自己去判断什么是对的，什么是错的。

可靠的反应

上幼儿园时，我有一个最好的朋友。她的名字叫安雅，只比我小一天。她住在隔壁房子的十楼，我非常喜欢她。然而，她父母的喜怒无常令我困扰。你永远都不知道他们会如何反应，有时他们超级友好，给我们成堆的糖果，让我们随便看好几个小时电视。但是，有时他们也会像晴天霹雳一样发起怒来，扇安雅的耳光，把我赶出去。我不知道我们做错了什么。一句不合适的话、一个眼神、一个不合时宜的傻笑，都会引火烧身，我最好溜之大吉。后来他们家搬走了，我们彼此失去了联系。我已经不记得她长什么样了，也不记得她的声音。但是，每当我走过她家的房子并抬头望向十楼时，我仍然会感到内心的恐惧。我问自己："如果我当时已经感到如此的压力，那么安雅会有什么感觉呢？"

我们在前面的好几章中都论述了人类的基本需求。这些需求之一是生活中的结构和秩序。如果人在较长的一段时间内无法预见他们的日子会怎么过，他们会压力重重和生病。父母的行为也是如此：它必须具有一个孩子可以破译的结构，以便孩子知道下面该怎么样了。孩子们需要成年人以可预测的方式行事，因为他们自己要以这种清晰的结构为导向。它使他们对自己的行为充满信心。但是，安雅父母的行为却是不可预料的。如我所说，我们永远不知道是什么使她的父母生气。即使在事后，我们也想不明白我们做错了什么。实际上，我们在他们在场的情况下，我们尽可能地不引起他们的注意，躲开他们的监视，但可惜我们经常失败。

我不知道安雅后来怎么样了，她在我七岁那年从我的生活中消失了。但是我看到我学校里的学生被社会盖上了"行为异常"的印章，而且我知道，他们中许多人的生活中同样有着喜怒无常的成年人。这使他们的前额叶皮层难以保存有效的人际交往规则。如果他们很小的时候打自己的父母，父母可能会狠狠地反击，也可能无视，甚至大笑，因为他们认为自己家的小坏蛋已经这么有劲了。那大脑应将哪些反应模式归类为"正确"呢？

如果孩子没有判断的依据，无法知道自己的父母在下一刻的表现，那孩子就无法健康成长——它不会内化为"正常"的、社会希望的共处规则，只会做出不可预测的反应，从而在幼儿园和学校里四处碰壁。只有当他遇到其他可靠的人，例如老师、社会工作者和同龄朋友，才能学习如何与他人"正常"相处。

接受他人的界限

暴君和浑蛋的一个共同特点是，他们认为自己可以为所欲为，即使对方说"不"。日常生活中有很多例子：比如商店里结账时往前挤，还用购物车撞人腿的老头，因为他认为自己有优先权；给外孙买玩具枪的姥姥或姥爷，即使爸爸明确表示他不想让孩子玩这种东西；喝醉了的大学生，不顾女同学的拒绝而侵犯她，因为他的力气比她大。我们坚信，这些逾越他人界限的成年人，小时候他们的家长并没有鼓励他们当浑蛋。估计他们小时候，家长还告诉过他们，对别人说的"不行"或"停下"时要表示尊重。那么，为什么我们不断遇到那些无视别人的拒绝的成年人呢？

答案很简单，也令人震惊。我们的孩子主要通过模仿来学习，而不是通过说教。如果环顾四周，你们可能会看到一个爸爸和他两岁的孩子，孩子不想往前走了，他在人行道上边撒泼边大声喊着"不"。父亲抱起不停踢腿的小男孩，小心翼翼地把他夹在胳膊下面，继续往前走，好像没听见儿子的抗议。也许你们自己还记得，小时候被爸爸妈妈挠痒痒，尽管你喊"停！停！"，因为你已经觉得不好玩，而是难受了，可他们还是不停地挠。或者，小时候被爷爷奶奶、姑姑阿姨亲脸，尽管你不想让他们这么做。

我觉得，当有人问"一个人说'不'是不是真的表示'不'"时，成年人百分之百会表示同意。我们所有人都希望本着这种精神教育我们的孩子。我们谁也不想让自己的孩子成年以后随意越过别人的界限。但是，有多少父母在不知不觉中教给孩子的东西恰恰相反？如果一个孩子明白地说"不"，又不得不做大人要求的事情，那他会学到什么呢？他会学到，比我厉害的人可以决定何时"不"才真正意味着"不"！这就会产生问题。因为这恰恰是浑蛋和暴君的内心所想：他们有权忽略别人的界限，因为他们更厉害、更强大。

人们常常提出反对意见，说父母不可能总是听孩子说"不"。这当然是对的。在某些情况下，我们必须忽略孩子的拒绝。如果两岁的孩子不是在人行道上，而是在马路中间撒泼，那毫无疑问，爸爸必须马上抱起他，并把他带走以确保安全。父母必须也允许对孩子行使"保护权"。如有必要，还可以通过身体上的优势。但是这种情况多久才发生一次呢？

在日常生活中，父母经常会由于疏忽、缺乏时间或方便起见而忽略了孩子的界限。这就是为什么我们想提醒大家："不就是不。"如果家长认真对待孩子的拒绝，孩子也会学会这一点，并且比很多人意识到的要早得多，印象深刻得多。如果我们在没有特别必要的情况下一遍又一遍地忽略孩子的拒绝态度，这种做法可能就会在他的头脑里变得根深蒂固。我们成年人在使用自己的权力和力量时，应该非常留意，非常谨慎。

结语

充满爱心地陪伴孩子度过叛逆期和青春期之间的时光

在本书的开头，我们向大家讲述了十岁的米尔科的故事。每当父母不在家时，他就违反他们的规定，在白色沙发上吃东西。他们抓住他的可能性很小，因此他没有感觉到背后的"更大的力量"的威胁。不仅如此，一段时间之后，他甚至开始主动炫耀自己违反规则的情况。他给妈妈发了图片信息，显示他正在违反她的规定。他这是在挑衅！他想积极抵抗父母的规则压力。

米尔科不再惧怕后果，因为他现在已经人高马大，足以忍受或规避后果。那些被父母体罚的孩子，生活中也经常会出现这样一个时间点，从此他们不再缩头缩脑，而在折磨他们的人面前挺直身子，自信地说："你不许再打我了，否则我就还击！"

米尔科的妈妈玛拉感到自己的权力地位突然丧失了，于是她做了她认为唯一合乎逻辑的事：寻找一个权力地位更高的人，并威胁说："等着瞧，我要告诉你爸爸！"而米尔科像嘉瓦瑙实验中的小白鼠一样，不再允许别人侵犯他的人格。他宁愿没有网或手机，也不愿让自己继续俯首帖耳，就像小白鼠宁愿放弃食物，也不愿听任研究人员的摆布一样。"那又怎么样？还想用这吓唬我！"

他的回复让妈妈顿时垂头丧气。

五到十岁是至关重要的年龄

一旦达到这种权力下降点，做父母的就要面临问题了。应该如何反应？如何让孩子遵守规则？多数成年人会尝试施加更大的压力，因为到目前为止有效的方法，不可能一下子就无效了吧？的确，孩子越小，加压越有可能显出效果。但是总有一天，孩子连这个也不怕了，那又该怎么办呢？再找更高的权威或施加更严厉的惩罚……否则，家长将完全失去对自己孩子的影响力。

你们肯定已经猜到了我们想说什么。这种育儿方式有效，但它不会永远有效，而且有明显的趋势，必须加重奖励或惩罚才能"说服"孩子们合作。可以肯定的是，这不会使他们变成感情残疾，但是可能会使父母和孩子陷入不必要的权力斗争。父母的影响力最迟会在青春期消失，年轻人不会再听话，而只会按自己的意愿去做事。如果到目前为止，他们感到"总是要按大人说的做"，现在他们可能会过度"使用"自己新发现的自由，投入到以前父母不允许他们做的事情上，完全不考虑这是否对他们有好处。他们中的大多数在青春期过后就失去了这种叛逆情绪，但是到那时，家庭内部可能已经发生了很多情感上的伤害。

通过这本书，我们想尝试着向大家展示，还有另外一种育儿和培养亲子关系的道路。这条道路上会有较少的情感伤害和权力斗争，因为你们必须一次又一次地倾听自己的内心，必须识别并表达需求，必须在家庭中权衡这些需求，找到折中方案，而且既没有胜利者也没有失败者。所以这条道路一开始可能有些吃力，但是，随着孩子长大，他们的能力越来越强，这条新的道路会变得越来越容易，而采用旧的育儿方法会越来越难以让他们听话。五到十岁是至关重要的年龄，因为这段时间里孩子设定了价值观，并且会养成可以持续一生的行为方式。

你们是好父母！

相信我们，你们是相当棒的爸爸妈妈。你们不必是完美的。你们的孩子不会成为"暴君""小皇帝"或"小浑蛋"，即使他们有时会表现出不可思议的行为。无论你们选择哪种教育方式，你们的孩子都会长成友善、礼貌的人。随着时间的流逝，即使我最"调皮"的学生也变得斯文多了。当然也因为我们在学校里帮他们建立了一些基本的心理要素。当他们来拜访我时，我看到他们已经长得人高马大，眼中闪着爱意，给我介绍打扮得漂漂亮亮的小女儿，或者自豪地告诉我，他们找到了一份满意的工作。我以前的学生中没有一个人进过监狱，尽管他们的生活开始时充满了坎坷。

我们认为，这可以使我们做父母的松一口气。当然，在孩子成长的过程中（以及其他地方）会有一些陷阱，可能会给成长增加阻力。孩子们应该学会与他人共情；他们需要同理心、爱心、关怀和真正的安慰。他们应该时不时地踩到另一个人真实的界限，并学会应该尊重该界限。他们需要长而嵌套的神经通路，使他们的道德理念和冲动控制得以发展，他们也需要时间和机会，使其变得坚固。他们应该被允许失败，他们需要自由和我们的信任。这实际上就是成功育儿的全部秘密。